ROSÂNGELA ROSSI



# A Surpreendente Arte de

# Amar

*Toda mudança começa em você*

EDITORA FUNDAMENTO

2012, Editora Fundamento Educacional Ltda.

Editor e edição de texto: Editora Fundamento
Editoração eletrônica: Tricem – Comunicação e Design
Capa: Zuleika Iamashita
CTP e impressão: SVP – Gráfica Pallotti



**Dados Internacionais de Catalogação na Publicação (CIP)**
(Câmara Brasileira do Livro, SP, Brasil)

Rossi, Rosângela
A Surpreendente Arte de Amar / Rosângela Rossi; – 1. ed. –
São Paulo, SP: Editora Fundamento Educacional Ltda., 2012.

1. Autoajuda 2. Felicidade 3. Motivação 4. Mudança de vida
5. Sucesso I. Título

12-04147 CDD-158.1

**Índice para catálogo sistemático**
1. Autoajuda: Desenvolvimento pessoal: Sucesso 158.1

Fundação Biblioteca Nacional



Impresso no Brasil

Telefone: (41) 3015 9700
E-mail: info@editorafundamento.com.br
Site: www.editorafundamento.com.br

Este livro foi impresso em papel pólen soft 80 g/m² e a capa em cartão supremo alta alvura 250 g/m².

Dedico a todos que buscam o caminho do amor.

# Apresentação

Em tempos de mutação, fragmentação, revolução tecnológica e hiperconsumismo, a palavra *amor* ainda é a que mais surpreende por ser a mais usada nos meios de comunicação. Na música, na literatura, no cinema, nas artes plásticas, essa palavra é privilegiada, se expressa com força, torna-se ela mesma uma arte.

A arte de amar encontra interpretações e reflexões na psicologia, na psicanálise, na filosofia, na pedagogia e na teologia. Em todas as instâncias ela é citada e colocada em um pedestal. O homem em crise existencial busca no amor uma solução para suas dores, para a solidão, a angústia e a depressão.

É surpreendente o movimento que o amor promove no corpo e na alma. No corpo afloram as sensações, as emoções mais refinadas, que se traduzem em sensualidade e sexualidade. Na alma, surge a luz, revelando a sombra. Imanente ou transcendente, a arte de amar nos convida a sentir e a pensar a vida em suas dimensões mais misteriosas, profanas e sagradas.

A surpreendente arte de amar flui como as cachoeiras, os lagos, desaguando nos mares sem fim. O amor é múltiplo, plural, encantador e, ao mesmo tempo, assustador. Promove encontros e desencontros. A arte de amar tem a força da natureza nas fases da Lua, no pôr do sol, nos vales, nas montanhas, nas florestas, nas chuvas e nos ventos... Amar é energia, e energia é relação. O amor convida o homem a se relacionar com a natureza, com o próprio homem, com o cosmo.

Estando o amor presente em tantos aspectos da vida, por que ainda temos dificuldade em compreendê-lo? Ledo engano pensar que o entendemos em toda a sua extensão.

Este livro tenta de forma simples, sem perder a profundidade, por meio de crônicas, trazer uma reflexão sobre a milenar e surpreendente arte de amar.

Quem pensa e reflete vive melhor. Com certeza!

Do encanto à paixão alegre, do sexo à paixão triste, o amor navega por múltiplos caminhos. Ele nos faz degustar seus delicados prazeres e nos faz sentir os mais deliciosos perfumes, causando as sensações mais delicadas.

O chocolate é sua mais delicada representação. Chocolate e amor, sem censura, convidam ao mergulho na surpreendente arte de amar, encantando e qualificando nosso viver. Que delícia!

Muitas pessoas se perguntam se o amor realmente existe. Será que buscamos algo inexistente? Amor é fantasia? Amor é uma invenção dos humanos para suportar as tragédias da vida?

Precisamos, na realidade, sofrer, sentir angústia, adoecer e nos transformar para descobrir as várias dimensões do amor.

Para a psicologia profunda, o amor é alma, psique, arquétipo do inconsciente coletivo, comum a todos os mortais.

Na Grécia, o amor era um deus. Distinguia-se do "eu" dos mortais. Sempre existiu, portanto já existia antes de nós. Não é o que o nosso ego deseja, está além da expectativa. O amor é o que "eu sou", não o que o ego deseja que seja. Surpreendente, não é?

O que é mais surpreendente na arte de amar é que o amor se entranha em nós e nos permite ir ao encontro do outro. Assim, não sou "eu quem ama", é o amor que age em mim e me permite amar. Não é um fazer, é um estado múltiplo e plural de ser. Amor não é o desejo, sua falta é que nos leva a desejá-lo.

Não vamos fazer aqui uma incursão pela filosofia ou psicologia. Trata-se apenas de um diálogo de coração para coração, para que possamos compreender a dimensão plena do amor e do amar.

Na surpreendente arte de amar, a nossa opinião pouca importa. Nossas justificativas não alteram suas características originais. Um grande equívoco, ao qual precisamos atentar, está em confundir amor com romantismo. O amor romântico se baseia na ilusão, na expectativa, ele é construção do ego. O amor não foi criado, ele é, ele existe antes de nós. Na sua multiplicidade e pluralidade, ele habita nossas entranhas e a do mundo que nos cerca.

> O AMOR É OPOSTO AO PODER. QUANDO O PODER ENTRA, O AMOR SAI.

O amor se opõe ao poder. Quando o poder entra, o amor sai. São Paulo talvez seja o que mais bem descreveu a natureza arquetípica do amor: o amor é paciente, é bom; o amor não inveja; o amor não se vangloria e não se envaidece... O amor não procura seus próprios interesses, não se irrita, não folga com a injustiça... Suporta todas as coisas, crê em todas as coisas, espera por todas as coisas, resiste a todas as coisas. As profecias falharão, as línguas se calarão, a ciência desaparecerá. Mas, o amor jamais há de falhar.

A surpreendente arte de amar pode ser sintetizada de forma simples e poética nas palavras de um homem à sua amada:

O ar é puro
A água é cristalina
O céu é azul
As folhas são verdes
A grama é macia
O jardim está florido
Os pássaros cantam
O silêncio nos envolve
E neste ambiente em que estamos a sós
Aí nos sentimos
Em toda plenitude do amor. (L.A.R.)

CAPÍTULO 1

# A PRIMEIRA VEZ

A gente não esquece a primeira vez. Não estou falando apenas do amor e do sexo, mas do prazer pelas coisas simples da vida, o que também possui uma beleza amorosa.

Era meu aniversário de 15 anos. Lá pelos tempos da revolução de 1964. As meninas sonhavam com o baile de debutante, valsa e vestidos rendados de princesa. Sonhavam em casar virgens com um príncipe encantado. Eu, que já fui apaixonada por filosofia e Sartre, preferi ganhar de presente uma máquina de escrever Olivetti, uma calça jeans branca e uma camisa xadrez vermelha. Reuni um grupo pequeno de amigos e tocamos violão sentados no chão.

Tudo porque desejava ser escritora e filósofa. Tinha como música predileta *Pra não dizer que não falei das flores*, de Geraldo Vandré. Dizia a letra da música: "caminhando e cantando... Vem vamos embora, que esperar não é saber. Quem sabe faz a hora não espera acontecer..."

Naquele tempo namorávamos cedo, mas "dar a mão" era uma emoção que nos fazia tremer dos pés à cabeça. Mão no ombro? Nossa! Um avanço permitido só aos namorados, que contrariavam as orientações e os mil conselhos dos pais, sempre reprimindo. O primeiro beijo era um acontecimento inesquecível.

A cada carícia os sinos tocavam. Namorar era tudo de mais encantado. Os livros de M. Deli faziam sucesso entre as meninas. Todas sonhavam casar cedo, ter filhos e cuidar do marido e da casa. O amor romântico fazia parte do imaginário de todas as meninas-moças daquela época.

Tive que reprimir meu espírito rebelde e me tornar educadora, pois naquela época ser filósofa era perigoso, dizia meu pai. Ser filósofa e comunicadora tinha ficado só no desejo. Felizmente a alma é soberana, ela comanda e pronto. Um dia, sem mais esperar, ela dá as caras e se faz presente. Foi o que aconteceu.

De educadora me transformei em psicoterapeuta. Assim, por horas e horas, nesses longos anos, pude ouvir confissões sobre o sexo e o amor. A surpreendente arte de amar se apresentou dia após dia. Foi me ensinando, como dizia Sócrates platônico, que a verdadeira educação só se realiza através do amor.

Para ele, o amor era o próprio ensino. Assim, fui aprendendo através do amor. Mas, a primeira vez, sempre presente em minha alma, falou mais forte.

A filosofia e a comunicação não me abandonaram e me tornei filósofa clínica e comunicadora. O primeiro amor se concretizou como um conto de fadas. Pensar é criar.

Como a vida tem seus caminhos invisíveis, passei a fazer uma revolução silenciosa, educando com o coração aprendiz, comunicando com a voz da alma. Hoje, bem longe da primeira vez, sou terapeuta, por vezes psicoterapeuta, muitas vezes filósofa clínica e sempre educadora aprendiz. Aprendiz do amor e do amar.

> QUEM PENSA BEM VIVE MELHOR. QUEM PENSA BEM AMA MELHOR AINDA.

Minha paixão dominante são as palavras escritas e faladas. Falo de "amor sem censura", sem repressão, livremente, trazendo a "alma para a Terra". Brinco com os sentidos, sem medo de ser feliz.

Cada texto é gozo de menina que se fez mulher carregando sempre a sabedoria de Sophia, a coruja amiga do conhecimento. O texto é apenas um pretexto para comunicar de coração para coração.

Vou escrevendo e falando sem intenção de dar conselhos (apesar de meu sobrenome de família ser Bom Conselho). Vou amorosamente convidando ao pensar bem, porque quem pensa bem vive melhor. Quem pensa bem ama melhor ainda.

O que compartilho é uma reflexão do cotidiano a fim de instigar ao movimento e à transformação na surpreendente arte de amar. Não sei dar receita de bolo, pois sou péssima em culinária. Tudo o que tento falar tem mais de canto e poesia que qualquer outra coisa. Por isso, leia com entonação e com o coração, pois assim se surpreenderá com essa arte de amar. Suspire nos pontos e nas vírgulas. Respire nas pausas. Vá degustando as palavras como na primeira vez de um encontro.

Pense, não tenha pressa. Goze! Brinque! Questione! Sinta! Delicie-se! Afinal, a vida é sempre a cada instante a primeira vez, no sexo, no chocolate e no amor. Delícia!

CAPÍTULO 2

# PARA VOCÊ

Um dia desses, tomando banho, pensei no motivo que faz com que meus ouvintes e leitores compartilhem informações comigo. Uma grande interrogação me paralisou debaixo daquela água quentinha. Naquele momento esqueci até que sou politicamente correta nas questões ecológicas e gastei água demais.

Perdoei-me a transgressão. A alma amorosa transgride sem culpa.

Você que está aí me ouvindo ou lendo, pode ter 15 ou 80 anos. Pode gostar de rock ou sertanejo, de Beatles ou Roberto Carlos, de Clarice Lispector ou de Paulo Coelho. De pipoca ou de vegetais. Ser ateu ou religioso, romântico ou cético. Filósofo ou esportista. O que importa é que busca uma relação. Isso mesmo. Se você liga o rádio ou pega um livro, talvez você queira se distrair, sair da rotina, descansar, aprender, julgar, refletir, sentir... Ou simplesmente passar o tempo.

Sei que hoje faltam amigos para uma conversa franca, sem censura. Falta amor. Para baladas e conversa fiada encontramos algumas pessoas dispostas a falar. (Mas, e para nos ouvir?) Estamos muito solitários nesta era do vazio, tempo da fragmentação. O Facebook e as redes sociais quebram o galho, porém a falta do encontro físico, olho no olho, fica cutucando lá no fundinho, na alma.

Você pode namorar alguém ou ter um casamento, mas a monotonia aparece, e muitas dúvidas surgem. Principalmente quando o assunto é amor.

Aquela carência sempre bate, mesmo tendo alguém por perto. Estamos tão longe de nós mesmos! O tempo corrido não favorece o parar e estar consigo mesmo! Até nos esquecemos de que amar a si mesmo é essencial para amar o outro por inteiro.

Você pode estar solteiro e se sentir bem resolvido no estar só, mas há momentos em que a solidão aperta e você gostaria de ter um parceiro, mesmo que só por uns instantes. Afinal, você não é de ferro e tem as necessidades comuns a todos os humanos, como as de compartilhar e viver um grande amor.

Somos seres sociais, dizem os antropólogos. Não importa se você é intelectual e um trabalhador pragmático. Nos últimos tempos você tem sentido a correria, o cansaço, o estresse, a angústia com este mundo que nos convida o tempo todo à perfeição, ao sucesso, ao "ter que", à competição, ao consumismo desenfreado, à beleza e à eterna juventude.

Esta sociedade hiperconsumista, cujo ritmo de vida vai engolindo nosso ser, traz cada vez mais ansiedade, angústia e vazio existencial. Estamos decepcionados, assustados, espantados, tristes e deprimidos. No frigir dos ovos, você quer enriquecer, ganhar mais, ser feliz, ter saúde, ser amado, viajar, relaxar, saber mais, ter muito prazer e realizar seus projetos e sonhos. Somos todos iguais lá no fundo. Podemos até falar que não queremos nada disso, mas essa é a realidade de que não se pode fugir. Quem não sonha com a felicidade plena? Aprendemos a abandonar a sombra e buscar apenas a luz.

FALTA MUITO AMOR EM NOSSA VIDA TÃO CORRIDA.

É algo perigoso, pois esse mal que evitamos continua a nos fazer mal.

Assim, conversamos acerca de coisas que estão entaladas no peito e me faço de parceira na reflexão a respeito das coisas da vida. Só isso. Eu o cutuco para fazer com que você pense bem e ache uma solução para as suas "coisitas". Neste diálogo, em que estou invisível, me faço de espelho. Nele você pode projetar suas dores, dúvidas, amores, desejos. Falo de maneira simples, sem complicar. Já se foi o tempo em que desejei ser erudita. Acredito que podemos filosofar sem complicar. A filosofia no início não era assunto da academia, mas assunto do povo. Isso mesmo, a filosofia surge para ajudar o povo a pensar e buscar a felicidade e qualidade de vida. Busco simplificar nosso papo. Simplificar sem reduzir.

Falar de alma para alma, de coração para coração. Isso é filosofar. Pensar para mudar o entorno adoecido e, antes de tudo, nós mesmos.

O nosso tema é a surpreendente arte de amar. Por que escolho muitas vezes falar de amor? Porque estamos carentes. Falta muito amor em nossa vida tão corrida. Urge falar do que nos falta para tentar trazer de volta o essencial e nos tornarmos plenos.

Incrível, faz alguns minutos que estamos aqui juntos, tentando descobrir a razão deste encontro. Você nem percebeu que o meu desejo é estar aí ao seu lado. A relação é o que importa. Um físico me contou que a melhor definição para energia é que energia é relação. Amor é energia, logo, relação. Mesmo distantes estamos juntos, a energia circula entre nós.

Isso é muito bom. Eu escrevo e falo para você e você me ouve e me lê. Às vezes nos amamos e, outras vezes, você fica com raiva do que falo, porque o faço pensar em coisas que não queria pensar.

Pouco importa se está frio ou quente, se você está na rua ou na cama. O que interessa é que estamos juntos aqui e agora. A alma do mundo toca a nossa alma em comunhão.

Enfim, vamos reescrever nossa vida. Há saídas, por mais difícil que possa parecer. A hipermodernidade nos perde e nos acha ao mesmo tempo. Estamos todos num circo, dando piruetas, cambalhotas, rindo e chorando, mas vivendo.

Vamos celebrar a surpreendente arte de amar, pois a alma se faz na relação com o outro, e amar é antes de tudo dialogar de alma para alma.

CAPÍTULO 3

# ENAMORAMENTO

Coração disparado. Ar sufocado. Palavras truncadas. Face rosada. A alma encontra outra alma. Tudo fica cor-de-rosa.

As qualidades do outro se intensificam. Tudo nele fica perfeito, até os defeitos. O tempo para no tempo da felicidade. Os sinos tocam. O caminho vira um jardim encantado. As estrelas cintilam com mais brilho e a Lua se transforma em poesia. Uma simples música vira uma orquestra e a harmonia fica solta no espaço.

Só os enamorados não percebem que se tornam bobos. Santa bobagem! E por que ser bobo não é bom? Os bobos riem à toa. Brincam diante de cada acontecimento. Perdoam tudo e não se afetam com nada. Tudo vira encantamento. A vida fica bela.

A inveja dos outros rola solta. Os enamorados não ligam para as críticas. As lentes coloridas criam um mundo à parte. Quem não tem saudade desse estado mágico? Quem não sonha com esse tempo cor-de-rosa? O tempo do coração acelerado, do corpo pulsante, dos sonhos imaginativos, dos olhos nos olhos e do quase beijo do vir-a-ser?

A cabeça fica a mil. Fixado naquele outro que chegou sem pedir licença, o pensamento se desgoverna e se torna cosmo. Mesmo que se queira, não é possível se concentrar em outra coisa. A imaginação voa solta, criando imagens mirabolantes no limite da irrealidade.

O primeiro encontro pode acontecer na rua, no ônibus, no bar e, hoje, pelas redes sociais. É um clique, como nos filmes da Disney. E não adianta procurar ou esperar, ele acontece de surpresa.

Pena que tem tempo de duração e não se recicla, perdendo logo a validade. Pode virar paixão avassaladora quando os corpos se aquecem em busca de fusão. Tesão mesmo, na linguagem bem popular. Química, como dizem os cientistas. Pecado capital, na linguagem dos religiosos.

Em resumo, que é bom, bem bom, não se duvida. Não tem preço, nem se vende, nem é comprado.

> O ENCANTAMENTO LEVA À PAIXÃO, QUE PODE SER ALEGRE OU TRISTE.

O melhor é que não tem idade para acontecer. Esse é o consolo. Qualquer um pode ser acometido por essa sensação deslumbrante, não importa a idade. E não adianta fugir e dizer que não a quer ou que não acredita nela.

O encanto se dá quando menos se espera. Tem gosto de chocolate quente ou gelado. Sua contraindicação: pode viciar.

> ATÉ O AMOR CHEGAR TEREMOS QUE VENCER VÁRIAS FASES COM SABEDORIA. O ENCANTAMENTO LEVA À PAIXÃO, QUE PODE SER ALEGRE OU TRISTE. TUDO VAI DEPENDER DE "COMO" ADMINISTRAREMOS CADA UMA DESSAS FASES. REFLETIR E PENSAR BEM SE TORNA FUNDAMENTAL. O "POR QUÊ", "PARA QUÊ" E "COMO" FAZEM PARTE DE UM PENSAR COM QUALIDADE. QUEM PENSA BEM VIVE MELHOR. QUEM PENSA BEM AMA MELHOR AINDA.

Capítulo 4

# Paixão Arrebatadora

Na curva da estrada da vida, no país dos sonhos e das ilusões, quando o encantamento possui o corpo, chega-se à pousada da paixão, onde o coração é arrebatado.

Nesse paraíso afrodisíaco, os corpos clamam a posse um do outro, fixando-se em detalhes que não são tão pequenos, ao contrário do que canta Roberto Carlos.

Atração quase sempre fatal. As loucuras dionisíacas são vividas em seu profano nome. As cabeças rolam e as asas se abrem, lembrando Vitória de Samotrácia, como no filme *Titanic*. Lembram a cena inesquecível em que a personagem apaixonada, em seu deslumbrante vestido de voal branco, abre os braços na frente do navio, celebrando sua paixão avassaladora? Assim se sentem os apaixonados, nas nuvens da imaginação, na posse dos mais vibrantes desejos.

Se na ficção o outro é perfeição, na paixão o outro é pura excitação. Na paixão, o corpo fala mais alto, grita histericamente. Não pensa, devora. Quer degustar e comer o outro de forma mais que animal. Afinal, somos humanos com desejos incontidos. Isso é muito bom, pois longe estamos de ser anjos. Um dia com certeza chegaremos lá, mas precisamos vivenciar a paixão como as bacantes seguidoras de Dioniso na ilha festiva de Afrodite.

As bacantes eram as seguidoras enlouquecidas de Dioniso, deus do prazer, do teatro e da alegria, segundo a mitologia grega. Os mitos não são mentiras, mas verdades da psique humana. Por isso essa experiência se torna imperdível para os comuns dos mortais.

A paixão enlouquece, dizem os filósofos. Santo Agostinho confessou seus perigos, mas ele mesmo não deixou de experimentar sua paixão por Floria. Será que, se ele não tivesse se apaixonado, teria escrito tão belas confissões?

O apaixonado prende seu desejo no corpo do outro. Quer estar o tempo todo com o "objeto" de seu desejo, deleitando-se com o mel dos beijos e abraços. A alma vira corpo e o corpo se transforma em alma no exercício da paixão.

A fixação e a obsessão tornam-se lugar comum. O celular é verificado a cada segundo na espera de mensagens. Controlar onde está o outro passa a fazer parte desse jogo por vezes perigoso.

A paixão alegre é gozo. Dá prazer, traz alegria. Aquece a alma e o coração. O "quero mais" se torna a lei dos apaixonados.

Ou se segue a trilha para o lago sereno do amor ou para o lugar em que o vulcão se transforma em cinzas tristes da paixão.

A música cantada por Maria Bethânia ("de repente fico rindo à toa, sem saber por quê. E vem a vontade de sonhar de novo, te encontrar...") se repete sem parar no "pensamento sentido" do apaixonado. As paredes do banheiro revelam o grau desse estado descontrolado de estar.

Até os que consideram isso brega colocam uma canção do Wando na vitrola e cantarolam desafinados, sem medo de dar vexame. E haja suspiro e suspirar!

É bom, bombom! Até que os excessos chegam.

Nessa altura do caminho, há uma encruzilhada. Ou se segue a trilha para o lago sereno do amor ou para o lugar em que o vulcão se transforma em cinzas tristes da paixão.

Segundo alguns filósofos, se usarmos a razão, o pensar bem, a paixão foge do vulcão e caminha em direção ao tão proclamado lago do amor.

Prefiro o Soneto da Fidelidade de Vinícius de Moraes. "Que seja imortal, posto que chama, mas que seja infinito enquanto dure..." Melhor viver as loucuras da paixão do que passar a vida em preto e branco.

A delícia da paixão alegre toma nossa alma. Aquece nosso corpo e nos faz desejar corporalmente a presença do outro. Ai que delícia!

Capítulo 5

# Ai, que delícia!

Não pense que estou parodiando o *hit* de Michel Teló. Mas até que cairia bem a referência ao cantor e à música. Sucesso é sucesso e pronto! Isso mexe com o inconsciente coletivo, com a alma do mundo, alastra e contagia. Ai, que delícia!

O que falo aqui é a delícia da paixão alegre. Ela acende o corpo, chamando ao encontro pleno. Mesmo com toda a repressão do mundo, quando a paixão acontece, o desejo explode e a censura cai por terra. O mais puritano dos humanos perde sua lógica e mergulha no imponderável.

Loucura mesmo. Irracionalidade das sensações. O corpo se torna soberano e nossa animalidade sai em busca do gol. Quando o gol acontece, todos dançam a celebrar como índios na tribo. E somos todos índios. Ai, que delícia!

Por que a paixão acende a alma? Por que a paixão acende o corpo?

Porque somos humanos demasiadamente humanos, responderia Nietzsche. Santo Agostinho nos censuraria por considerar a paixão algo animalesco e pecaminoso. Contudo, nós, simples mortais, diríamos que o aconchego do corpo traz carinho e que o afeto nos alimenta e acalma. É bom e pronto.

Sensação não tem explicação. Se há uma situação em que não conseguimos usar a razão, é quando nos encontramos no campo da paixão.

Os românticos se entregavam por inteiro às delícias da paixão. Morriam de desejo. Viviam as paixões de modo muitas vezes platônico.

As fantasias substituíam os encontros. Os corpos, por não realizarem o desejo intenso, adoeciam. Morrer de amor era a lei. A paixão alegre logo se transformava em paixão triste. Olheiras, capas pretas, magreza exagerada, chapéus enormes – o retrato dos românticos tísicos.

Com o advento da pílula e a liberdade sexual estabelecida com o movimento hippie paz e amor, a paixão abriu asas, deixando quase todos expostos às delícias do encontro sem censura. Mas a superficialidade dos encontros, o "ficar" hedonista, o prazer pelo prazer, trouxe dores e decepções.

O "ai, que delícia" se transformou em "ai, que dor!". Renascimento do romantismo em pleno século XXI. Em vez das capas pretas, as minissaias e decotes mostrando os seios turbinados.

O prazer enlouquecido. O depois do depois deixa-nos o vazio e uma carência. A busca sem fim vai tomando conta dos pós-modernos. Uns "ficam" com os outros. Simplesmente nos tornamos coisas. Perdemos a alma. A paixão evapora. O encantamento perde o doce sabor. O doce se esvai. O chocolate acaba, deixando o amargor no corpo e na alma. A paixão fica triste e só restam cinzas. Ai, que pena!

A fênix não renasce nem voa. Eis a questão: render-se ao prazer do "ai, que delícia" ou reprimir os desejos na espera do amor eterno? Ou render-se ao prazer do "ai que delícia" mantendo a consciência?

> PERMITIR-SE SER O QUE SE É. SEM ESCONDER AS SOMBRAS E AS DORES. SEM FINGIR E MENTIR. BRINCANDO, CRIANDO, AMANDO.

Não existe resposta pronta. Neste caso, receita de bolo não funciona. O que pode funcionar é a consciência para escolher o caminho a seguir, sem medo de ser feliz e experimentar a vida em todas as suas possibilidades infinitas. Caminho do meio, como dizem os budistas, ou do bom senso como nos orientava Aristóteles.

É fato que todos queremos o prazer do "ai, que delícia." Uns se dão a coragem de experimentar e sentir, outros esperam o momento certo para brincar e dançar. O que importa mesmo é a felicidade. Todos temos direito a ela, sempre!

Permitir-se ser o que se é, sem esconder as sombras e as dores. Sem fingir e mentir. Brincando, criando, amando. Ai, que delícia viver!

> Por outro lado, a paixão, quando louca, se transforma em paixão triste. Nesse momento, o que era bom se transforma em dor. Amor rima com dor?

Capítulo 6

# Paixão mais que triste

Para compreender o que é a paixão triste, basta assistir às telenovelas. Parece brincadeira, mas elas são mostras fidedignas dos dramas e tramas das paixões avassaladoras. E todo mundo gosta de assisti-las, mesmo que digam que não. Cada um se identifica com os folhetins que contam estórias em que se repetem as dores da paixão perdida.

Ciúme, infidelidade, traição, inveja e vingança são apenas alguns comportamentos registrados quando o assunto é a paixão para lá de triste.

Tudo começa com a profunda insegurança, que gera o medo da perda do "objeto" de seu desejo. O medo leva a querer o controle e a posse e termina no ciúme doentio que cega e destrói toda a possibilidade da paixão vir-a-ser amor um dia. O egoísmo domina e faz com que o poder passe a conduzir o relacionamento.

Quando o poder entra, o amor vai embora. A paixão alegre fica devastada e dá lugar ao caos da paixão triste, com toda a frustração, sofrimento e dor a que se tem direito.

> Quando o poder entra, o amor vai embora.

O grupo Skank canta muito bem essa situação dolorosa. "Te ver e não te querer é improvável, é impossível. Te ter e ter que esquecer é suportar uma dor incrível..."

Na paixão triste o ciúme domina, a posse enlouquece, as brigas acontecem. As músicas sertanejas conseguem registrar as tragicômicas desgraças ditas amorosas, por isso o imenso sucesso delas. São estórias que nos fazem rir e chorar.

A verdade é que ninguém quer ser traído, mas todos têm fantasias com a traição. Ninguém quer ser controlado, mas todos acabam controlando. Quando o poder entra, o amor vai embora.

Ninguém quer sofrer na relação, mas todos um dia se debulham em lágrimas sofridas por um amor perdido. É surpreendente a capacidade humana de sofrer em virtude da paixão triste.

A paixão triste queima, devora, maltrata. É vida intensa que arrebata sem pensar. Ela vai aos poucos invadindo os humanos que confundem o amar com o possuir o outro.

"Porque não preciso de ti, eu te amo." Precisar não é amar, essa é a posição da paixão egoísta, que só vê o próprio umbigo.

Quem ama não "precisa" do outro. Precisar vem do egoísmo, que é o oposto do amor. Quem ama gosta de "estar ao lado" do outro e ponto. Amar é caminhar lado a lado, respeitando a singularidade do parceiro. Essa é a surpreendente arte de amar.

Como falar de paixão sem falar de sexo. Sexo ainda é preconceito para muitos, porém não podemos fingir que ele não existe. Pensar o sexo é o caminho para viver o sexo com sabedoria e plenitude.

Capítulo 7

# Quem não gosta de sexo?

Esta é uma pergunta que não se faz. Mas, por incrível que possa parecer, tem muita gente que preferiria que o sexo não existisse. Isso mesmo. Cada vez mais há pessoas que confessam não gostar, nem querer sentir o prazer da vida sexual.

Por qual motivo, se o sexo é sinônimo de vida plena?

Acontece que, por desconhecimento, por ideias equivocadas, por experiências mal vividas, o sexo foi colocado na gaveta da alma e trancado a sete chaves no armário do coração.

Muita gente finge que sabe muito sobre sexo, mas, na realidade, ele ainda é um tabu, em plena era da suposta liberação. O sexo continua sendo um enigma a ser desvendado. Escondidamente desejado, no banho e por baixo dos lençóis. A repressão e a liberação fora do tempo certo são as primeiras causas do desprazer.

De tanto ouvir "Cuidado, não sinta, não toque, não goze, é pecado!", o corpo vai se encouraçando, se fechando, travando, negando a vida. O corpo com culpa e com medo rejeita o instinto natural. A frigidez, a impotência e muitos desvios se instalam. O desprazer sexual domina.

Não para por aí. As primeiras experiências mal vividas, antecipadas, sem afeto e com muita ansiedade, dificultam o prazer do corpo.

Há relacionamentos que buscam o apenas "ficar" por uma só vez. Depois, os envolvidos se tornam desconhecidos um para o outro. Muitas vezes nem o gozo acontece. Há fingimentos e Viagras no caminho para justificar o não sentir.

O sexo "objeto" vai aos poucos minando o desejo e o prazer sexual pleno. Haja ejaculação precoce, haja frigidez! Até que o prazer sexual acaba de uma vez por todas. E há muita gente frustrada e carente buscando pornografia, querendo encontrar sexo e prazer autêntico. Engana-me que te engano!

É um engano pensar que a fixação sexual é gostar de sexo. Ao contrário, ela é apenas liberação de tensão, alívio da ansiedade. Sexo saudável vai muito além, não faz parte do mundo patológico.

É sexo dionisíaco, afrodisíaco. É sexo vida, de gente plena.

> ENFIM, QUEM NÃO GOSTA DE SEXO É QUEM NÃO APRENDEU A ARTE DE SE APAIXONAR E SE ENTREGAR.

Mas o que realmente é uma sexualidade intensa e plena, a sexualidade que promove um gostar real?

É o sexo que surge lentamente da afetividade. O corpo é tocado com carinho e ternura. O desejo brota da admiração e do respeito mútuo. Os vínculos profundos estabelecem laços que buscam a presença do outro. Cada um vai se desvelando, se descobrindo. O corpo "almado" deseja o encontro com quem proporcionou tal prazer autêntico e amoroso.

Assim é nosso cérebro: quer repetir o que é bom.

O gosto por sexo saudável é poesia do corpo livre. O gosto por sexo transcende a banalidade de um gozo rápido para liberar a tensão. Sexo pleno é gozo da alma em festa. Do tocar, ao beijar, do sentir ao gozar, há vibração intensa e duradoura, que faz com que o prazer permaneça por um longo tempo.

O verdadeiro gostar de sexo perpassa pelo afeto, pelo amor e, principalmente, pela consciência da sacralidade do tesouro precioso que dá origem à nossa vida. Por isso, no Oriente se ensina o sexo tântrico, que é o sexo por inteiro, por meio do qual corpo e alma se fundem na consciência divina.

Sexo sacralizado é dança mística dos corpos, que sabem que o caminho de Deus está em cada gesto de ternura e prazer.

Sexo é dança e música das esferas. Sexo é a pausa, o respirar profundo, a entrega por inteiro. Morrer e renascer. Celebração. Sexo é vida, mistério encantado de sábios aprendizes.

Enfim, quem não gosta de sexo é quem não aprendeu a arte de se apaixonar e de se entregar. Gozar é preciso para justificar os percalços da vida.

Para falar de sexo e para sentir na alma sua naturalidade precisamos abrir não só a mente, mas também o coração. Enquanto houver preconceito que nos impeça de pensar no sexo com franqueza, estaremos fadados a couraças e muitas patologias. Haja ansiedade!

Capítulo 8

# Sexo naturalmente

Olho para muitas pessoas quando o tema é sexo. Vejo seus sorrisos nervosos. O cruzar das pernas sem saber onde as colocar. As mãos brincando ansiosas. Um tentar explicar através de teorias e conceitos, numa verborragia sem fim. O cigarro para disfarçar. O silêncio inibidor. A respiração contida. Confusão. Caos da repressão.

Alguém nasceu de chocadeira? Alguém nasceu de outro ato que não o sexual? Até parece que esquecemos que somos fruto de dois corpos em união sexual. Temos vergonha do nosso início vital?

Sexo é vida. Sexo é prazer. Sexo é natural. Sexo é gostoso. Sexo é corpo almado. Existe corpo sem alma? Existe alma sem corpo?

Para os pré-socráticos a origem "das coisas" está no corpo. Corpo é alma. Em Platão há a negação do corpo. Os medievais reprimiam os desejos e prazeres. Santo Agostinho, sem Floria, introduz a culpa e o pecado. No Renascimento houve a Inquisição, a caça às mulheres sensuais, as bruxas na fogueira. Em nome da ciência e de Deus, diziam.

> REPRIMIR OU VIVER MAL O SEXO FAZ MAL À VIDA, ALÉM DE ADOECER.

A grande questão é: como se pode viver o sexo? Freud explicou que a repressão sexual, isto é, da libido, provoca a ansiedade. Reprimir ou viver mal o sexo faz mal à vida, além de adoecer.

Infelizmente ainda se vive muito mal, apesar de tantas teorias. Ficou para trás a simplicidade de tocar e sentir com naturalidade. Falta-nos viver o sexo, simplesmente. Só isso! A repressão de algo tão natural e vital foi ao longo dos tempos castrando e impedindo o fluir natural da vida.

Sexo é terra, corpo, sensação. Vamos deixar de lado o amor para outra conversa.

Acontece a atração. O corpo esquenta, o coração acelera. Desejos. Pulsações. Vibrações. Anseio de fusão e celebração da vida. O consentimento mútuo de união. Vem o abraço. O calor compartilhado. Beijos. Muitos beijos. Toques e mais toques envolventes.

Aí começa a diferença: os ansiosos, inibidos e reprimidos partem para o próximo passo, como se o orgasmo fosse a grande meta a ser alcançada. Esforço, competição. Final nem sempre feliz. O homem pensa que gozou, mas apenas ejaculou.

A mulher finge o orgasmo e fica na frustração. Isso quando não há ejaculação precoce! Sorriso amarelo. Cada um vira para um lado. Déficit orgástico que vai se acumulando vida afora.

Ambos seguem fingindo que fizeram sexo. Haja doenças psicossomáticas e angústias! "Engane-me, que eu finjo que gosto!" Ansiedade mais ansiedade que se somatizam em várias doenças.

Os naturais, livres e desencouraçados, respiram juntos. Sem pressa. Tocam-se com as mãos e vão sentindo os mínimos prazeres. Quem não toca não transforma. Silenciosamente tocam e se encantam ao descobrir um novo corpo que se revela. A entrega do corpo almado. Delicadeza, ternura. Revelação. Encontro. Descoberta. Gostosura. Nem tempo nem espaço. Calor aumentado. Brincadeira. Risos. Mãos que deslizam em festa. Tudo acontece. A penetração flui. O orgasmo vem. Não existe ele ou ela, mas um só corpo. Morte. Vida. Fusão. Abraçados dormem. Suspiram gostoso. O riso ao acordar vem de dentro. Há carinho, respeito e gratidão pelo prazer compartilhado de gente plena e corajosa vivendo seus desejos naturais. Plenamente. Inteiramente. Foi sexo que aconteceu. Celebração da vida.

Muito bem! Quem se permite viver sexo de verdade? Sem apego e dominação. Pela pura brincadeira de ser feliz por um instante. Sexo sem ansiedade. Sexo puro e espontâneo. Sexo divino.

Gente consciente não partilha um encontro assim tão facilmente, num mundo de gente que não sabe se entregar e compartilhar. A seleção é natural, quase espiritual. Quem é livre tem a sabedoria de esperar o momento do encontro pleno. Sexo responsável. Sexo integração. Não há pressa ou o desejo de encontros múltiplos, pois o encontro foi pleno. Dá para compreender?

Fazer o sexo acontecer, sem censura, sem barreiras. Com o corpo que se tem e na idade em que se está. Com cabelos brancos ou rugas. Pouco importa. O sexo sempre é belo e sagrado.

O sexo faz uma pessoa serenar quando é expressão do amor. Ele acontece apenas para quem encontra e festeja a vida sem medo da morte ou de dar vexame. É um encontro de gente que é o que é, sem representações. Gente tranquila e afinada com a alma. Gente sábia que compreende e sente que sexo é divino.

Tirar a máscara e o disfarce.
Desvestir o medo.
Encontrar-se.
Tocar, gozar e viver.
Celebrar o encontro.
Compartilhar amorosamente.
Tudo isso é possível!

O SEXO É MAIS QUE SAGRADO. SÓ QUEM COMPREENDE ISSO VIVE A SURPREENDENTE ARTE DE AMAR.

Capítulo 9

# Sexo sagrado

Há poesia no ar. Corações pulsantes de desejo, ávidos de fusão na celebração da vida. Respirações profundas. Corpos acesos, sentidos em alerta, alma em festa.

Há poesia no espaço. Luzes vibrantes. Energias pulsantes. A música das esferas toca uma sinfonia sutil, numa harmonia divina.

Há poesia no tempo e o tempo se desfaz em sempre e no eterno. O ontem e o amanhã se juntam no agora, em vida que se transforma em morte. Num render-se transcendente.

Há dois humanos divinizados, que tocam os corpos "almados." Animais alados no cio da existência. Silêncios e gemidos falando para além do amor. Encontro de Eros (amor) e Filia (amizade) num suspiro de gozo infinito.

> QUEM COMUNGA COM A ALMA CELEBRA O ENCONTRO COM O SAGRADO SEXO E COM A VIDA.

Há pinceladas de magia no ar. Razões fundidas em emoções. Ação fluídica acordando a serpente adormecida. Fazendo dançar o Naṭaraja com sua flauta perene.

Há delicadeza e ternura. Beijos que fazem encontrar a alma. Mãos como as de Shiva, deus da criação e da morte, tocando os corpos, estrelas vivas.

É Deus celebrando a vida humana a cada sagrado encontro. Libertando e cantando o poder de ser por inteiro e pleno.

Há vida nascendo a cada amanhecer e entardecer. Porque sexo é vida nascente de divinos animais humanos que sabem comungar do instante sagrado do encontro.

Os corpos se atraem e se desejam, pois é tudo natural.

O fogo arde nas entranhas dos corpos vivos num encontro sublime e sagrado. Não há pecado. Não há medo. Nem leis, nem códigos, nem dogmas. Apenas desejo de fusão, simplesmente.

Quem comunga com a alma celebra o encontro com o sagrado sexo e com a vida. E, no seu caminhar, agradece criando poesia a cada amanhecer.

> Para um sexo de qualidade é preciso carinho. Quem não toca não transforma.

Capítulo 10

# Carinhos e preliminares

Quem não toca não transforma. Não dá para falar de sexualidade sem colocar na frente o carinho e as carícias preliminares, tão ausentes nestes tempos de *fast-food*. As reclamações, principalmente as femininas, passam por esse tema.

Quem não gosta do carinho aconchegante, do deslizar as mãos pelo corpo do outro com a delicadeza do cuidar natural? A respiração se acalma e acende o desejo de fusão.

Muitas mulheres revelam que não gostam dos toques que vão direto às zonas genitais. Elas se sentem invadidas e perdem o desejo. A permissão vem de beijos dados com vigor, com carícias suaves. Ir direto ao sexo sequer deixa o prazer começar.

Os carinhos têm início com o simples olhar e admirar. Observando, sem julgar ou criticar. Uma pausa no simples suspirar, no saber esperar o tempo certo. O amadurecer do encontro. As mãos são poesia nos corpos que dançam o encontrar. Elas bailam. Elas fluem como o tango ao som dos bandoneón.

> Quem não gosta do carinho aconchegante, do deslizar as mãos no corpo do outro?

Os lábios silenciosos saboreiam os do outro, como a degustar um champanhe de delicado *bouquet*, sorvendo lentamente cada sensação.

Os abraços, não os amassos, são como dança em sua leveza encantada. Os bailarinos escutam na alma os sons das esferas e os traduzem em gestos suaves, que despertam as mais vastas sensações através dos corpos acesos pelo calor do desejo. Eros se faz presente. As flechas de Cupido voam pelo espaço.

Os carinhos doces acendem a alma, preparam o corpo para a entrega plena. O gozo é celebração.

> Quando negamos a sexualidade negamos o nosso corpo. Se o corpo é a alma, nós a negamos também. Quem nega o corpo nega a alma. Feliz morte lenta!

Capítulo 11

# Corpo negado

Quando falei a palavra *masturbação* num grupo de amigos, houve um longo silêncio – um reflexo da inibição geral. Como se a palavra trouxesse consigo todas as repressões e culpas adormecidas de cada um. Como se não tivéssemos vagina ou pênis. Como se tivéssemos nascido do Espírito Santo e não de dois corpos "almados."

Onde se iniciou o desamor pelo corpo? Com Platão? Com o poder? Com Santo Agostinho? Com a Inquisição? Ou quando o homem sentiu frio e se cobriu? Talvez quando Lilith foi abandonada às sombras? Eis a questão.

A realidade é que se fala tanto de sexo, mostra-se tanto o corpo, mas a inibição continua presente em todos os espaços. Freud talvez ainda tenha muito que explicar. Basta estar atento ao que é dito em um divã para compreender a imensa angústia que aflige a muitos. E também a insatisfação e os desejos frustrados, que se traduzem em impotência, frigidez, ejaculação precoce.

Há ainda o "ficar" dos jovens, a pornografia e os risinhos nervosos e sem graça que surgem quando o assunto é sexo de verdade.

Gozo? Quem goza? Surge daí a corrida desenfreada em busca de um corpo irretocável, na ilusão de que a forma física perfeita garanta encontros orgásticos e plenos. As multinacionais da estética e dos medicamentos é que lucram com tanta carência.

O déficit orgástico torna-se o grande responsável pela neurose coletiva que se traduz em consumo excessivo em busca de compensação. Sem falar nas compulsões e complexos.

Que filosofia dará conta de ir fundo nessas questões? MerleauPonty? Sartre? Ou Freud, Reich e os Oshos espalhados pelos ashrams do mundo?

Será que só falar sobre sexo e questioná-lo resolve as questões existenciais a ele relacionadas? Ou melhor seria ligar-se ao próprio corpo, acordá-lo, amá-lo?

De que servem os belos discursos e teses sobre o corpo se ele se encontra enjaulado na crença de que é algo demoníaco? Dionísio, o deus grego itinerante, desafiou Apolo, deus da beleza e da música, fazendo um cortejo com as Bacantes e gritando ao mundo que é necessário permitir-se ser honesto com a realidade do ser.

Será o destino do ser humano usar máscaras constantemente, esconder seus desejos nos porões de lanternas vermelhas da psique?

> NÃO É SÓ NA CABEÇA QUE SE ENCONTRA A VIDA. A VIDA PULSA NO CORPO TODO.

Será que, quando recebemos a dádiva do pensamento, estamos fadados a inibir as pulsões naturais em favor da reflexão?

Estamos condenados a castrar nossos impulsos naturais e reprimir nossos desejos, colocando um cinto de castidade mental – porém, às escondidas, buscamos a pornografia para desafogar os impulsos? Estamos fadados a negar o corpo para não sentir o prazer natural e só assim podermos lutar por nossos ideais?

O pensamento não está desligado da vida pulsional, nem se contrapõe a ela. A alma não confronta o corpo. A alma é gerada pelas energias corporais inibidas. Quando estamos carentes, somos forçados a agir no mundo e a não reagir como animais. Mas não precisamos nos reprimir tanto.

Nietzsche explica bem a origem do pensamento em relação ao corpo: "Há mais razão no teu corpo do que na tua melhor sabedoria. E quem sabe para qual finalidade o teu corpo necessitaria precisamente de tua melhor sabedoria (...) De fato, o corpo é uma grande razão (...)"

Negamos o corpo porque ele tudo diz, tudo explica, nada esconde. Ao negar nosso corpo adoecemos. Falta-nos proximidade, contato. Não trocamos carícias, nem gostamos de ser tocados. Tagarelar fica mais fácil do que tocar e sentir. No entanto, a verdadeira linguagem do sexo é não verbal. O tato é a mais profunda e verdadeira linguagem sexual. Quem não toca não transforma. Quem não vive seu corpo com intensidade passa pela vida perdendo a grande chance de viver plenamente.

O humano mal tocado e mal-amado vai se transformando em fera. Agride a todos e corre como um louco atrás do poder, já que não sente prazer. Segue "transando" e "fazendo" os outros por não saber dançar o erótico encontro do toque na ternura da descoberta.

Muitas vezes são cabeças sem corpos que chegam ao poder, enganando e ludibriando quem está ao redor com palavras sedutoras e mentirosas. Não é só na cabeça que se encontra a vida. A vida pulsa no corpo todo. O corpo existe e reage às circunstâncias. O corpo fala o tempo todo, revela e desvela os mais recônditos segredos.

O corpo é puro sexo, pura sexualidade, vibração e entusiasmo. O corpo é sagrado, é divino. Não amá-lo é transgredir o verbo que se fez carne. Negá-lo é crime inafiançável.

Sentir o próprio corpo e o corpo do outro é a maior e mais deliciosa magia. Quem a pratica não são magos esotéricos, mas humanos comuns, gente que sabe ser terna, delicada e amorosa. Esses magos naturais são ativistas potentes, angustiados diante da miséria e do desamor. São criaturas orgásticas que, mais do que falar de amor, amam. Mais do que falar de sexo, celebram o encontro com os outros num tocar e sentir o corpo como templo da vida.

Cantar, dançar, brincar, namorar, viver. Somos corpos vibrantes e não temos o que reprimir, pois sabemos escolher o que nos faz bem e felizes.

PARA REFRESCAR O CORPO E A ALMA, CONVIDO-OS A TOMAR UM CHOCOLATE COMIGO. CHOCOLATE É O PRAZER SUTIL NO PONTO CERTO. QUEM NÃO GOSTA DE CHOCOLATE? QUEM NÃO BUSCA O PRAZER ORIGINAL? CHOCOLATE TEM SUA SENSUALIDADE.

Capítulo 12

# Sexo, chocolate e amor

Três delícias. Quem não as quer?

Sexo, chocolate e amor viciam. Bons vícios...

Se sexo demais satura, chocolate em excesso engorda e adoece. E amor feito paixão pode enlouquecer. Mas queremos sempre mais.

Sexo acalma o corpo e a mente. Sem repressão, relaxa, traz alegria e dá prazer. Com couraças, frustra e cria desvios.

Sexo é o fenômeno mais falado depois do amor. É a linguagem do corpo que aquece e promove a vida.

Chocolate acalma o estresse, fica entre o sexo e o amor, promove o gozo delicado no deleite de apenas uma mordida.

> Sem amor, a vida fica sem graça e significado.

Ah, o amor! Quando de Eros, é amor erótico; quando ágape, é amor sublime e se rende ao eterno. Preenche quando é lago. Queima quando é fogo. Quando é ar, flui no encantamento e se transforma em arte. Todos são desejados. Todos trazem o prazer do gozo. Todos criam tramas e dramas.

O corpo sem sexo esfria a vida. Adoece. A sexualidade é da natureza dos humanos e dos animais.

A vida sem sabor de chocolate fica em falta.

E, sem amor, a vida fica sem graça e significado.

Por isso, que não faltem esses elementos essenciais para que a vida possa ser vivida plenamente. Sexo sem amor é prazer passageiro, que pode ser bom como o bombom, mas que depois do gozo derrete e se esvai.

Amor sem sexo é como chocolate na caixa da vitrine de uma padaria, tem o desejo, mas fica a falta. Eterna falta que congela o gozo e eterniza a fantasia sublimada na caixa exposta.

O chocolate é sempre a ponte entre o desejo e o prazer, entre o sexo e o amor. O chocolate preenche todas as carências, acende o corpo e relaxa a alma. Por tudo isso, delicie-se com uma caixa de chocolate, lambuze-se de prazer sexual e mergulhe sem culpa no oceano infinito do amor. Às vezes transgredir as regras culturais faz o corpo e a alma sentirem mais felicidade.

Com certeza a felicidade não vai fugir, nem se esconder, pois, com sexo, chocolate e amor, a vida irá se descomplicar no gozo da eterna arte da entrega.

Se você acredita que pode ser feliz, vá ao encontro desses três elementos e se deleite sem se preocupar com os resultados. Experimente e viva.

Ria, brinque e descubra que é mais fácil que você imagina. Contudo, preste atenção: não só de sexo, chocolate e amor se vive, pois isso seria alienação. Precisamos encarar a vida como ela é. Pensar bem.

Arregaçar as mangas, sair da zona de conforto e agir agora. Há um mundo a ser transformado e esse trabalho começa dentro de nós, no presente instante de pensar e fazer acontecer.

UM CHOCOLATE NÃO É APENAS GOSTOSO. O CHOCOLATE É UMA GRANDE METÁFORA PARA A COMPREENSÃO DO PRAZER DE VIVER A SEXUALIDADE, QUE, POR SUA VEZ, É VITAL PARA A PESSOA SE TORNAR PLENA. FUGIR DA COMPREENSÃO DA SEXUALIDADE IMPEDE QUE SE ENCONTRE O AMOR. FELIZES OS QUE ENCARAM COM DELICADEZA AS DELÍCIAS DA SEXUALIDADE. O CHOCOLATE ESQUENTA A ALMA DE TODOS OS QUE CAMINHAM SEM CENSURA, COM CONSCIÊNCIA. CONSCIÊNCIA É ESTAR PRESENTE.

CAPÍTULO 13

# CHOCOLATE PARA ESQUENTAR A ALMA

Quer tomar um chocolate quente? Chocolate com pimenta ou café? A cena é simples: uma tarde chuvosa de sábado. Muito frio e neblina no horizonte.

À minha frente, um livro de poesia de Fernando Pessoa e outro de Carlos Drummond de Andrade.

Ao fundo, um CD de canto gregoriano e, no ar, cheiro de bolo de laranja.

O sofá tem uma manta de crochê que convida ao acolhimento. Somos seres do imaginário. Imaginar é a realidade.

Você pode estar em qualquer outro lugar, mas, mesmo assim, faço o convite para imaginar esse momento junto comigo.

Os pássaros lá fora cantam, e as flores da primavera se banham contentes sem perder a beleza e o perfume.

O convite foi aceito, estamos em sintonia. Que bom! Estamos sintonizados, relaxados. Sua mente e seu coração estão abertos como em mim.

Posso iniciar? Então me escute:

"Fiz de mim o que não soube,
E o que podia fazer de mim não o fiz.
O dominó que vesti era errado.
Conheceram-me logo por quem não era e não
desmenti, e perdi-me.

Quando quis tirar a máscara,
Estava pegada à cara.
Quando a tirei e me vi no espelho
Já tinha envelhecido."

(Fernando Pessoa)

Quanto tempo perdemos em tentar nos esconder. Inconscientes, vamos sofrendo sem saber por quê. Na maioria das vezes, estamos inconscientes. Ser consciente é estar ligado e presente. Atento e focado.

Sem perceber, tornamo-nos cópia do sistema que nos seduz e engole. Presos aos papéis que representamos para sermos aceitos e amados, escondemo-nos atrás das máscaras. Para quê?

Ficamos na esquina da vida à espera da ilusão de sermos perfeitos.

Perfeição é uma utopia que só traz frustração.

Não queremos provar do chocolate, pois não temos tempo para poesia e amor. E dizemos que esperamos o amor. Mas todos temos medo de engordar.

Essa loucura dos tempos modernos busca o prazer, mas pune os prazeres. Ficamos enlouquecidos pelo poder e pelo não poder. Pelo que é certo e errado. Mostrar-se inteiramente, sem máscaras, virou um desafio para as grandes almas.

Negamos nossas imperfeições só para nós mesmos. É um engano pensar que escondemos nossas sombras. Nossos defeitos estão na cara e só nós não os vemos. Então, para que gastar tanta energia para esconder o que não tem como ser escondido? Somos imperfeitos e pronto!

Respire fundo e prove um pouco de chocolate para tirar o amargor da vida e enfrentar a realidade tal qual ela é. Chega de disfarces.

Senão, quando quisermos tirar a máscara, será tarde. O tempo passa depressa. As máscaras das representações grudam no rosto e nos enganam com mentiras e seduções.

A vida é para ser vivida de cara limpa. Honestamente. Francamente. Poeticamente. No gozar e no sofrer. Morrendo e renascendo a cada minuto.

"Se procurar bem você acaba encontrando,

Não a explicação (duvidosa) da vida,
Mas a poesia (inexplicável) da vida."
(Carlos Drummond de Andrade)

Chocolate é a pausa para reflexão. É a poesia inexplicável da vida. Chocolate é o encontro prazeroso que agita a alma e nos faz sentir de frente, sem censura, sem rancor, o que existe e o que é. Ponto e vírgula.

> Tire a máscara enquanto é tempo. Seja você mesmo. Aceite-se como é. Não há outro jeito.

Tire a máscara enquanto é tempo. Seja você mesmo. Aceite-se como é. Não há outro jeito. Você é o que é, e pronto. Vamos tomar chocolate quente?

> Depois dessa pausa gostosa para tirar as máscaras, vamos retornar às questões que impedem a paixão de se transformar em amor. Vamos falar do ciúme, que é o elemento mais forte da paixão triste.

Capítulo 14

# Ciúme e liberdade

Não me canso de falar de ciúme, do ciúme que se faz presente em cada esquina onde duas pessoas se relacionam. Herança de Caim e Abel e sua história tão conhecida?

Quem nunca sentiu aquele aperto no peito e o medo de perder um afeto? Uns dizem que ter ciúme significa amar, gostar e cuidar. Será mesmo? Canso de ler que é necessário haver ciúme para provar que se ama alguém. Ledo engano!

> AMAR É VER O OUTRO FELIZ, FAZENDO O QUE GOSTA E DO JEITO QUE GOSTA.

Outros dizem que ciúme é doença, neurose, que o ciúme precisa ser tratado. A modernidade adora rotular tudo como *páthos*. Assim, vendem-se remédios e alimentam-se as multinacionais.

Mas o que seria essa dor que nos tira do centro?

O ciúme nada tem a ver com o amor! Entendam isso! Quando o poder entra, o amor sai. O ciúme habita o poder e dele se nutre. E haja controle, haja dominação, haja briga, e haja... infelicidade.

Num mundo em que há cada vez mais competição, comparação, poder, controle e insegurança, o ciúme pode trazer angústia e o medo de perder a atenção de quem se pensa amar. Pensar amar não significa realmente amar. O ciúme habita o campo da paixão triste.

Viver na expectativa, na ansiedade de controle e dominação, faz com que o ciúme se instale. E como se instala! Ele devora e mata.

Por que temos que possuir o outro como se fosse uma coisa, como se fosse o objeto de nossos desejos? Se pararmos um pouco e pensarmos no prazer da liberdade, com certeza respeitaremos a pessoa que amamos e deixaremos a liberdade vencer a posse, o desejo de controle que acompanha o ciúme.

Amar é ver o outro feliz, fazendo o que gosta e do jeito que gosta. Quem ama liberta, evita controlar e dominar.

Será fácil amar em liberdade?

Quanto mais se tomar consciência de que a liberdade é um elemento fundamental para qualquer relação fluir em harmonia, mais conseguimos banir o ciúme. Não há complicação, apenas reflexão. Afinal, somos inteligentes e capazes de agir com consciência.

Podemos escolher ser ou não ser. Somos a exata dimensão do que pensamos. Pensar, escolher, agir assertivamente e com vontade determinada pode ser um caminho promissor para que a liberdade floresça.

O inconsciente? Bem, ele guia muitas vezes, porém, se tentarmos usar a razão, nos tornaremos mais conscientes. Quem pensa bem acende a luz da consciência e vence o ciúme. Assim, quanto sofrimento inútil deixaríamos de lado? Quantas brigas evitaríamos? Não haveria nada disso se deixássemos de lado o controle e o poder, se realmente amássemos. Repito: quando entra o poder, o amor sai. Quando há ciúme, reina o egoísmo.

Logo, quando o ciúme invade – sim, invade – o que menos sentimos é amor.

Filosofar é preciso, pois quem pensa bem, consegue se libertar das prisões que o ciúme cria. Filosofar é questionar o porque desse ciúme. “Por que estou reagindo assim? Como faço para transformar poder em amor?

Que tal acolher o outro livremente? Eis um bom (e possível) exercício de lucidez!

NÃO CANSO DE FALAR SOBRE CIÚME. RECEBO DIARIAMENTE PEDIDOS PARA FALAR E ESCREVER A RESPEITO DO ASSUNTO. VAMOS PENSAR MAIS UM POUCO A FIM DE SAIR DESSA ARMADILHA QUE MATA O AMOR. SEMPRE É BOM REPETIR: QUANDO O PODER ENTRA, O AMOR SAI.

CAPÍTULO 15

# CIÚME, PARA QUE CIÚME?

Parece brincadeira ou briga de criança ou adolescente. O ciúme existe desde Caim e Abel, ou mesmo bem antes. Desde que foi instituído o poder, o ciúme passou a existir.

Se pensarmos bem, o ciúme sob a capa de zelo pode significar medo, ansiedade, angústia diante da ameaça de perda e roubo da pessoa que dizemos amar. Se pensarmos em "zelo" como cuidar, não cabe aqui o ciúme, mas apenas o ato de cuidar mesmo, no sentido da libertação a que o amor verdadeiro convida.

Por esses e outros equívocos é que o ciúme é cantado. O ciúme faz com que amor e dor rimem. No amor, não tememos perder, pois ele é pura liberdade e respeito ao parceiro. Como somos humanos demasiadamente humanos, até chegar ao estágio do amor de que falo, somos acometidos por crises de ciúme velado ou escancarado.

Há um mito popular que diz que ciúme é prova de amor. Alguns pensadores o consideram um sentimento universal e inato, advindo do desejo de se ter exclusividade sobre o ser amado. Outros dizem que o ciúme tem a função de delimitar o território do amor, mostrando direitos e deveres. Logo, o ciúme acompanharia o amor. Para outros cientistas sociais, o ciúme coloca em risco a segurança afetiva.

O ciúme nega o reconhecimento da liberdade do outro. Assim, é colocado como instrumento de poder que tenta controlar e dominar o parceiro. O ciúme é o espaço do controle e do poder.

Quando se trata de ciúme, encontramos múltiplas explicações para justificar a tendência ao controle e à dominação. Fica claro nessas explicações que o medo da perda é o núcleo do estado ciumento.

Se falamos que a pessoa é ciumenta, estaremos endossando a ideia de que ela nasce com ciúme. Por outro lado, se dizemos que a pessoa está com ciúme, o fazemos com a intenção de explicar que, em determinada circunstância da existência, em determinada situação, ela reage com ciúme. Ser ciumento é bem diferente de estar com ciúme.

Ser é natureza, estar é circunstância. Ninguém nasce ciumento. O ciúme ocorre em virtude de vários fatores existenciais. Ele poderá se apossar da pessoa, transformando-se numa neurose, ou apenas tomar a pessoa diante de uma situação real de ameaça de perda. Quando há ciúme, muitos conflitos surgem e logo o amor evapora.

O ciúme só ocorre na sedução e na paixão. Já o amor se faz de compreensão irrestrita.

O ciúme traz à tona a cena dramática da traição. Ele abole a lógica e a racionalidade ao ativar as emoções do medo e da raiva, além de promover ansiedade e angústia. Diante do medo da perda e da traição pode surgir a violência explosiva. No ciúme poderá eclodir um sintoma obsessivo e muitas loucuras dramáticas.

> O CIÚME IMPEDE O AMOR DE FLORESCER, POIS ELE CAUSA SEPARAÇÃO; JÁ O AMOR PROMOVE A UNIÃO.

Diante de uma ameaça de perda eminente, ainda que imaginária e fantasiosa, o ciúme poderá explodir. O neurótico, por já ter vivido em algum momento da vida a ameaça da perda, passa a vivê-la com intensidade no presente, e o ciúme patológico então se instala.

No ciúme exagerado, a pessoa sucumbe ao poder do inconsciente, ficando impotente e frágil. Ela assim se mantém subjugada às fantasias persecutórias e a um desejo ampliado de poder, sob a forma de controle e perseguição do parceiro em quem depositou toda sua vida e energia. Chamamos esse ciúme de doentio. Os conflitos são constantes, dor e sofrimento dominam a relação. Esse estado é comum nas paixões tristes. Por isso Platão se opunha à paixão, por ser ela devoradora da razão humana.

O ciúme impede o amor de florescer, pois ele causa separação; já o amor promove a união.

O ciumento se enamora de quem tem necessidade de pô-lo à prova.

O traidor precisa da pessoa ciumenta para controlar e conter essa sua tendência.

O traidor escolhe o ciumento para tentar receber a prova de amor que busca fora de si, por isso provoca grande sofrimento em quem cai na sua rede. Podemos dizer que o traidor está sempre carente e que o ciumento se sente sempre rejeitado. O jogo entre o ciumento e o traidor se fundamenta no jogo rejeição *versus* carência.

O traidor gera ciúme no seu parceiro por não ser capaz de uma relação autêntica. O ciumento, por sua vez, escolhe alguém que satisfaça suas necessidades de ser amado e traído, num deslocamento de uma vivência negativa do passado. O traidor que de alguma forma foi traído escolhe alguém frágil que, a princípio, oferece satisfação e admiração, mas, depois, esse traidor se afasta, deixando o ciumento sozinho com sua dor.

Quanto mais o ciumento briga e reage, mais o traidor sentirá legitimado a abandoná-lo. A pessoa ciumenta é devorada pela imaginação obsessiva, mantendo o jogo com o traidor.

O ciúme surge, geralmente, de alguns elementos de nosso inconsciente, como o sentimento de culpa e a baixa autoestima. Por não acreditar que o outro possa nos amar de verdade porque não somos perfeitos, geramos um estado conflituoso para buscar uma resposta positiva do parceiro. Este, mesmo sendo uma pessoa "normal", sem grandes conflitos internos, por mais que faça o impossível para provar seu sentimento, nunca satisfaz as fantasias e a imaginação do parceiro ciumento.

Vários são os mecanismos de defesa do ego existentes no ciúme. No deslocamento e na projeção, colocamos fora de nós o que nos desagrada. Na racionalização, arrumamos desculpas, explicações, verdadeiras ou não, para encobrir nossos fracassos, frustrações e culpas.

O ciúme poderá vir seguido de grande manifestação de inveja, que é, por sua vez, uma atitude reativa. No seu complexo de inferioridade, o ciumento inveja a beleza, a inteligência e o comportamento de alguma pessoa que pode estar ou não na mira de seu parceiro; assim o ciumento inferniza a relação, dizendo que o desejo é do parceiro.

Ou vencemos esse ciúme ou estaremos fadados a viver na dor do desamor.

Surgem, então, algumas questões que não devemos abandonar: Ser controlado é possível? É preciso controlar os sentimentos para deixar o amor fluir? Como é difícil controlar nossas emoções!

Capítulo 16

# Ser controlado é possível?

Ao ler o livro *Os caminhos de Mandela: lições de vida, amor e coragem*, de Richard Stengel, pensei se é possível ter algum controle diante das agressões da vida. Ou mesmo diante de um parceiro ou amigo. A boa leitura e as grandes biografias nos convidam a refletir acerca da capacidade do humano em se controlar sem se reprimir. A repressão vem de fora. O controle surge da escolha livre.

Duas frases de Mandela me tocaram:

"Perca o controle e você perde a situação."

"Esqueça e perdoe."

Parece-nos complicado domar as emoções negativas, como a raiva, o medo, a ansiedade etc. As emoções negativas fazem parte do humano. De um lado, alguns terapeutas dizem "seja autêntico! Expresse sempre suas emoções! Não guarde nada!" De outro, escutamos "controle suas emoções. Seja paciente e tolerante!"

> Não seria o caminho do meio, o bom senso, a maneira melhor de lidar com as emoções que surgem?

Ficamos mais confusos sobre o caminho a seguir. Expressar ou reprimir as emoções negativas?

Não seria o caminho do meio, o bom senso, a melhor maneira de lidar com as emoções que surgem, queiramos ou não?

Diante da raiva, do medo, da ansiedade, da culpa e outras tantas emoções, seria mais fácil expor com palavras esses sentimentos?

Não é receita nem conselho, é apenas um fazer pensar. Veja: surge uma raiva violenta. Eu paro por um segundo e falo "estou com muita raiva disso, por isto e por isto..." Assim, não me reprimo nem agrido o outro, mas exponho o que estou sentido. Para mim, isso é controlar e administrar as emoções.

Ser guiado pelas emoções negativas nos enfraquece. Tornamo-nos **reativos**, ressentidos ou agressivos. O ressentimento surge da repressão das emoções. A agressividade, da explosão das emoções.

Ao usarmos a razão, a reflexão, o logos, nossa ação torna-se **ativa**, baseada na reflexão.

Damos espaço para a emoção positiva fluir. Nos lembramos de que "o verbo se fez carne e habitou entre nós". A palavra "bem dita" torna-se divina e reflexiva. O logos define a ação lúcida.

Respondendo à pergunta inicial, podemos controlar nossas ações, ser ponderados. A vida fica melhor. E os relacionamentos só têm a ganhar com essa ação consciente. Se podemos descomplicar, por que não fazer isso?

Num trecho do livro sobre Mandela há uma passagem em que o autor trata do uso da razão que pode nos ser útil:

"Quando jovem, ele era cabeça quente e facilmente incitável à raiva. O homem que saiu da prisão era o oposto disso – quase impossível exasperá-lo. Ele esperava antes de tomar decisões. Considerava as opções. É impossível ter perfeito conhecimento de todas as situações antes de tomar decisões, e ficaríamos paralisados se insistíssemos nisso. Mas o exemplo de Mandela mostra o valor de se formar um quadro tão completo quanto possível antes de entrar em ação. A maior parte dos erros que ele cometeu na vida aconteceram porque ele agiu muito rápido, não lentamente. 'Não se apresse', ele dizia, 'pense, analise, então aja.'"

Treinar falar, expor e ponderar são formas de autocontrole que facilitam muito nossos relacionamentos.

É possível ser ponderado quando se pensa bem e se tem o domínio das emoções.

Mas, por maior que seja essa vontade, nem sempre é assim. Diante de uma paixão... sei não! Quando a sensação toma conta da pessoa, o irracional domina. E aí?

TENDO DOMADO A PAIXÃO TRISTE, TEREMOS MUITO TRABALHO ATÉ O AMOR CHEGAR.

Capítulo 17

# ATÉ O AMOR CHEGAR

O amor é a nossa natureza, entretanto, a jornada para encontrá-lo é longa e requer um trabalho consciente. Pensamos que o amor surge de modo súbito e toma conta de nós! Seria bom se fosse mesmo assim. Mas dá trabalho deixar fluir o amor que habita nossa alma!

Ficou assustado com o que eu disse? Pois é. Aprendemos algo bem diferente disso e vamos nos iludindo à espera do milagre do amor romântico, que acaba nos frustrando porque não chega.

O caminho é longo até abrirmos a porta do Castelo da Alma e encontrarmos o bendito amor.

Quando no caminho encontramos alguém que nos encanta, o que acontece não é o amor à primeira vista, mas o ato de sentir encanto. Enamorar-se é ver de vislumbre a projeção da nossa própria alma. O outro, por ter algumas coisas igual a nós, se torna espelho. Incrível!

> O AMOR É A NOSSA NATUREZA, ENTRETANTO, A JORNADA PARA ENCONTRÁ-LO É LONGA E REQUER UM TRABALHO CONSCIENTE.

O outro nos fascina. Vemos nele tudo de bom, bonito e perfeito. Nessa hora, nada mais interessa. O mundo fica cor-de-rosa. Os sinos tocam, as estrelas e a lua se transformam em poesia. Nós nos apaixonamos! Paixão Alegre. Desejo de possuir o outro. Vêm os carinhos doces, o sexo gostoso, o paraíso na terra. Tudo fica vermelho como o fogo que aquece o corpo e a alma. Ficamos cegos.

Depois de um bom tempo de muito prazer surge uma encruzilhada nesse caminho. De um lado, a estrada curta da paixão triste. De outro, a estrada longa que leva ao amor. Chapeuzinho Vermelho se viu nessa posição de ter que escolher.

Na estrada da paixão triste, o outro vira lobo mau. O ciúme, a desconfiança, o medo da perda, a insegurança, o controle e a possessividade se instalam. Feliz morte lenta para o que foi tão bom!

É o caminho mais curto para apagar um sonho encantado. Lágrimas, sofrimento e dor. Muitos então dizem que amor é dor.

Somos guiados pela vovó sábia e pela coruja Sophia quando percorremos a longa estrada em direção ao lago sereno do amor. Aprendemos que o outro é o outro. Que temos qualidades e defeitos. Não esperamos nada do outro. Ele é como é. Compartilhamos nossas alegrias e tristezas. A compreensão é a lei. Aprendemos que o amor se renova a cada amanhecer. Chegar ao lindo lago do amor requer reflexão e um pensar bem, pensar com o coração.

Como perceberam, a caminhada para chegar ao amor é longa. Não devemos pensar que tudo são flores nessa jornada de herói. Muito trabalho consciente é preciso. Depois somos presenteados com o amor autêntico, que nada tem de romântico. Nessa hora, sim, podemos viver um belo romance, criar a poesia sublime e descansar ao lado do outro tão diferente de nós.

O lago do Castelo da Alma, em sua serenidade, lembra-nos do amor e de suas três possibilidades: amor erótico, amor philia e amor ágape. Afrodite, deusa do amor, e Dionísio, deus do prazer, os dois de mãos dadas, levam os amantes ao jardim do amor erótico. Mercúrio, deus do conhecimento, convida os amigos à biblioteca da vida e ensina o segredo da convivência e do amor amigo. Já Héstia, deusa da meditação, acende a lareira, propõe aos espiritualistas a meditação e a vivência do amor ágape, do amor sublime.

Até o amor chegar, resta apenas sair das ilusões e se deixar levar pelos caminhos que a vida apresenta. Caminhar conscientemente aqui e agora, deliciar-se a cada instante, como se cada minuto fosse o único. Respirar e se surpreender com a eterna arte de amar.

O AMOR PRECISA DA AMIZADE ANTES DE TUDO. SEM AMIZADE, O AMOR NÃO SOBREVIVE.

Capítulo 18

# A AMIZADE QUE SUSTENTA O AMOR

Para falar de amizade vamos relembrar o grande filósofo Montaigne (1592). Os grandes filósofos são mestres e amigos de todas as horas. A filosofia surgiu na Grécia com o intuito de ajudar o homem a encontrar a felicidade através da reflexão. A filosofia é uma grande amiga. Ela é Sophia, a companheira da sabedoria.

Devemos recorrer a ela para nos tornarmos mais sábios e felizes. Montaigne era muito especial. Era um filósofo que zombava da filosofia, um cético que acreditava em Deus. Ao mesmo tempo ele adorava a paz e a serenidade, amava a fúria das guerras. Tinha uma enorme dificuldade para fazer amigos íntimos.

Aos 24 anos, Montaigne conheceu o poeta Étienne de La Boétie e com ele criou uma intensa amizade. Aos 29 anos, Montaigne se viu privado dessa convivência devido à morte de La Boétie, que morreu de disenteria.

> A AMIZADE TEM SUA NOBREZA, POIS COM O AMIGO NOS DESNUDAMOS, TIRAMOS AS MÁSCARAS E SOMOS NÓS MESMOS.

Com a perda de seu grande e querido amigo, Montaigne se refugiou na torre de um castelo, cercado de 1 500 livros que o ajudaram a se consolar. Na solidão, começou a escrever sua obra-prima, *Ensaios*, que chamava o leitor a entrar na turbulenta morada de sua alma. Ele nos dá um grande exemplo da importância da amizade.

A amizade tem sua nobreza, pois ao lado de um amigo nos desnudamos, tiramos as máscaras e somos nós mesmos. O amor faz isso conosco.

Por isso a amizade é tão importante para viver o amor. O amigo nos instiga a enfrentar os medos e confrontar a verdade nua e crua. Sem amizade o amor não floresce, ele se desmancha pelos labirintos das faltas. O sexo sozinho não sustenta uma relação, enquanto a amizade é o pilar do amor.

A amizade abre a biblioteca da existência, nos auxilia a vencer as dores do mundo e da alma. Com o amigo nos derretemos e nos olhamos de frente. A tolerância é a virtude primeira do amigo, que aceita o outro como ele é, mesmo discordando de alguns pontos de vista. O amigo tolera os erros do outro, não julga e, antes de tudo, procura compreender o parceiro. Não julgar é tão difícil!

A relação afetiva pautada na amizade torna-se sublime, por isso a amizade é fundamental para consolidar o amor.

Muitos relacionamentos caem na rotina, na mesmice, por não alimentar a amizade, o diálogo e a parceria profunda. A amizade baseia-se nas virtudes da verdade, da honestidade e do respeito. Quem não constrói uma amizade no relacionamento está fadado a ver seu relacionamento ir embora. Sem a amizade, a relação do casal não se sustenta.

Infelizmente o que mais vemos são casais que, em vez de cuidar da amizade, vão se distanciando e se tornando inimigos. Na competição, no ciúme, no controle, na frieza e no descaso. Feliz morte lenta da relação.

Será que você sabe ser amigo? Esperamos que os outros sejam nossos amigos. E nós? Sabemos cuidar da amizade, regar com cuidado o dia a dia da relação? Quem sabe ser amigo com certeza tem a amizade de seu parceiro.

Fica a imagem linda que vemos com admiração: um casal de cabelos brancos, de mãos dadas, sentados em uma praça a namorar. Quem não sonha em viver essa imagem? Pois então alimente a amizade em seu relacionamento, assim o tempo se incumbirá de lhe conceder esse deleite.

Entre o amor erótico e o amor ágape há o amor amigo. A amizade é fundamental para o amor florescer e se eternizar.

SERÁ QUE PODEREMOS VIVER UM AMOR ETERNO? A MAIORIA DAS RELAÇÕES ATUAIS SE DESFAZ COM MUITA FACILIDADE!

Capítulo 19

# Felizes para sempre?

É cada vez mais difícil acreditar em um final do tipo "felizes para sempre". As pessoas mudam, os rumos e interesses se diversificam. Continuar um relacionamento só pelo costume e por tradição pode se tornar um problema insolúvel. Há o medo da solidão, o medo da crítica, o medo de recomeçar, o medo de dividir os bens, ou seja, é sempre o medo que alimenta as mentiras em nome de um amor que há muito se acabou (se é que um dia existiu).

Hoje com frequência encontramos pessoas mais honestas consigo mesmas e com os outros, pessoas que assumem a coragem de sofrer pela despedida, pegando sua própria bagagem e viajando para outros mares.

Depois de muito tentar ser feliz e promover harmonia, descobre-se que "tem gente que chega para ficar, tem gente que vai para nunca mais voltar." Não existe certo ou errado. A vida é experimentação. Se der certo, ótimo; se não, a vida continua.

> FORMAR UMA FAMÍLIA EM QUE OS PAIS FICAM JUNTOS PARA SEMPRE NÃO É ALGO TÃO FÁCIL COMO SE IMAGINAVA.

O casamento foi sempre um ideal sonhado por muitos. Entretanto, formar, nos moldes da tradição, uma família em que os pais ficam juntos para sempre não é algo tão fácil como se imaginava.

Há menos gente disposta a renunciar à sua própria realização. Viver o "nós" requer muita, muita consciência, desapego, altruísmo, e, num mundo onde se privilegia o egoísmo, fica mais difícil celebrar as bodas de prata, menos ainda de ouro ou diamante.

A felicidade é nossa natureza, não depende de ninguém. Não é o casamento que fará a pessoa mais ou menos feliz. Colocar nas mãos do outro nossa felicidade é frustração na certa. Nem os astros, nem os bons conselhos, nem o acaso hão de trazer a felicidade para uma relação.

Tudo vai depender da mente aberta e de um coração tranquilo, pois, tanto para os solteiros quanto para os casados, a felicidade às vezes se recolhe para balanço. Será que não buscamos o "felizes para sempre" do amor romântico, tão celebrado, para na verdade fugir das interações com outras pessoas? Muita gente não tem dado conta de que se relacionar, e investir em uma única ligação é menos trabalhoso. Incrível, não é? Pensando assim, alimentar a exclusividade de uma relação é menos ameaçador e forma uma suposta zona de conforto.

Na realidade, a maioria não quer pensar a respeito do tópico. Preferimos manter o que está feito a modificar nossos conceitos prontos e desfazer os compromissos.

As pessoas mudam, o mundo muda a cada segundo. Tudo é um contínuo vir-a-ser. Não será uma falácia, uma utopia, a promessa do "felizes para sempre"?

Prefiro ficar com a honestidade de um personagem do belo livro *O fazedor de cercas*. O jovem leva a noiva ao alto da montanha, tão logo se casa com ela, e lhe diz: "Não prometo amor eterno, pois o nosso amor irá renascer a cada amanhecer."

## O QUE MATA A RELAÇÃO AMOROSA? O QUE DESGASTA O RELACIONAMENTO?

Capítulo 20

# Rotina, que chatice!

"Todo dia ela faz tudo sempre igual", canta o poeta Chico Buarque. Acordamos à mesma hora, para malhar, trabalhar e, depois, almoçar, jantar, ver televisão e dormir... Que chatice! Monotonia dia após dia. A criatividade que acende a alma passa longe. Comemos as mesmas coisas sem graça, por causa das constantes dietas, e sentimos as mesmas culpas de sempre por comer o que gostamos. Tiramos férias nos mesmos lugares, conversarmos com as mesmas pessoas, assistimos aos mesmos telejornais...

A chatice domina a maturidade. Quanto mais velhos ficamos, mais mesmice.

Os relacionamentos vão repetindo as mesmas regras e normas que a rotina instituiu. Sem criatividade, o encantamento vai morrendo à míngua.

O comodismo se infiltra nos gestos repetitivos, nas falas estereotipadas, no cotidiano sem graça. Modificar? Modificar o que e para quê?

Sem perceber, os casais vão perdendo a poesia, o prazer do compartilhar e o gozo. O sexo papai e mamãe, quando acontece, é para marcar o ponto. O início do fim.

> Sem criatividade, o encantamento vai morrendo à míngua.

A tristeza, a angústia e a depressão tomam espaço. Por isso se vende tanto Prozac e Viagra. Quando se liga a TV, as novelas substituem os encontros. Ou, em frente do computador, fingimos que há movimento e novidades, pois as redes sociais esquentam o que estava frio. Pelo menos aparentemente. Engane-me que preciso!

Romper a rotina requer transgressão e ação quase enlouquecedora, requer coragem para experimentar e desafiar o sistema que alimenta e enfraquece nosso ser livre e criativo. É a rotina que cria a carência, que gera o desejo e alimenta o capitalismo desenfreado.

Novelas, seriados, *Big Brother*, telejornais, futebol, tudo sempre igual. Coisas que jogam água no fogo da paixão. E feliz morte lenta!

> Para sermos amantes de verdade, por inteiro, precisamos amar. Aquele que ama é um amante. Por que essa palavra soa tão pejorativa?

Capítulo 21

# Amantes

Amantes
Somos todos nós que amamos
Incondicionalmente

Amantes
Somos todos nós que aceitamos
Os que são diferentes de nós

Amantes
Somos nós que compreendemos
Com o coração aberto

Amantes
Somos nós que compartilhamos
Os silêncios e as dores

Amantes
Somos nós que escutamos
Sem julgamentos

Amantes
Somos nós que aprendemos
Com a singularidade de todos

> AMANTES
> SOMOS NÓS QUE
> APRENDEMOS COM
> A SINGULARIDADE
> DE TODOS

Amante sou eu
De você
Que preza o Nós
Sejam quais forem as circunstâncias

Sonhamos com a perfeição. Esperamos um príncipe ou uma princesa. Esperamos um amante que satisfaça nossos desejos. Isso pode acontecer?

Capítulo 22

# Príncipes e princesas

Feliz, ela espera... Um homem com H maiúsculo, que lhe dê conforto. Que trabalhe dia e noite para lhe proporcionar tudo o que sonha. Que lhe dê presentes e mordomias. Que lhe cubra de carinhos e atenção. Muitos quereres.

Feliz, ele espera... Uma mulher que cuide. Que lhe dê sexo e prazer. Que seja a mulher maravilha em todas as circunstâncias. Linda e calada. De preferência, sem opinião. Passiva e quieta por conveniência.

Os castelos são construídos em sonhos e destruídos quando a realidade se apresenta e mostra que os príncipes e princesas são apenas...

Mulheres que precisam trabalhar para o sustento da casa, em uma tripla jornada de dona de casa, profissional, mãe e esposa cansada (por vezes, decepcionada).

Homens que trabalham em busca de melhores salários, pois o que ganham não é o bastante para realizar seu luxos de consumo: os melhores computadores e celulares, carros do ano e vinhos sofisticados. À noite, sentam-se diante dos telejornais nacionais e internacionais e assistem às reprises dos gols.

Os príncipes viram sapos e as princesas se transformam em lagartixas.

As fantasias são imaginação. Imaginar não é realidade? Os desejos frustrados geram mais sonhos

AS FANTASIAS SÃO IMAGINAÇÃO. IMAGINAR NÃO É REALIDADE? OS DESEJOS FRUSTRADOS GERAM MAIS SONHOS ACORDADOS.

acordados. A vida, no seu acontecer diário, vai passando, deixando no ar a sensação de que a loteria pode surpreender e comprar o castelo encantado imaginado.

Feliz, ela espera... Feliz, ele espera... Esperam... Esperam... Esperam... Que os sapos se transformem em príncipes, e as lagartixas, em princesas.

Walt Disney sabia disso. As belas adormecidas sempre encontraram seu príncipe; as feras e os soldados, sua princesa. Entre sonho e realidade os homens e mulheres tecem seus desejos com os fios de Ariadne. Se não sonhassem, o que seria da vida deles?

> QUEM ESPERA A PERFEIÇÃO DO PARCEIRO SE FRUSTRA. QUEM DESEJA SER PERFEITO SE EMBARALHA E SE VÊ ENGOLIDO PELO COMPLEXO DE INFERIORIDADE.

Capítulo 23

# Para além da perfeição

Não sou tão bonzinho quanto você acha.

Sou humano com todos os defeitos a que tenho direito.

Não dá mais para fingir e mentir para mim mesmo e para você.

A verdade sobre quem realmente sou pode assustá-lo.

Mas é hora da verdade nua e crua.

Queremos mostrar perfeição, mas somos humanamente imperfeitos.

E por que não podemos mostrar nossa inteireza?

Somos luz e sombra.

Somos barrocos.

Não quero mais usar máscaras para ser aceito. Aceito-me como sou, com todas as arestas.

Não quero mais usar máscaras para ser aceito. Aceito-me como sou, com todas as arestas.

Aceitar a imperfeição é o caminho para a felicidade. Quanta energia é perdida na busca sem fim pela perfeição. Quanto desgaste inútil! Ter o poder é o único objetivo da busca pela perfeição.

Aceitar a imperfeição é o caminho para a felicidade. Quanta energia é perdida na busca sem fim pela perfeição. Quanto desgaste inútil! Ter o poder é o único objetivo da busca pela perfeição.

CAPÍTULO 24

# PODEMOS SER IMPERFEITOS

Sem culpa e sem medo.
Humanos, apenas.
Nem Noviça Rebelde nem Poliana.
Muito menos Super-Homem.
Menos ainda Mulher Maravilha,
podemos ser.
Basta um desejo,
para sermos o que somos,
donos, por inteiro, de nosso destino.
Não precisamos mais viver como manda a mídia.
"Normopatas" medíocres. Escolhemos, sim, nossa moda singular,
conhecendo nossa vontade própria.
Nem virtuosos nem prestimosos.
Podemos ser
simplesmente loucos e rebeldes.
Não temos que fazer nada,
a não ser viver o viver,
em conformidade com nossa inteireza.
Sim ou não, pouco importa.
Tudo pode ser ou não ser.
Depende de nossas circunstâncias.
Desconstruindo imagens,
rompendo agendamentos,

SIM OU NÃO, POUCO IMPORTA. TUDO PODE SER OU NÃO SER. DEPENDE DE NOSSAS CIRCUNSTÂNCIAS.

livrando os modelos, caminhamos.
O certo e o errado saíram de nosso dicionário.
Pois podemos ser imperfeitos.

Somos luz e sombra. Anjos e demônios. Temos em nós o bem e o mal.

Capítulo 25

# Anjos e demônios

De anjos e demônios todos têm um pouco! Verdade! Temos luz e sombra. É assim que acontece conosco.

Sobre um ombro, o anjo tem bons pensamentos e é cheio de boas intenções. Do outro lado, o diabinho sapeca instiga, critica, dá piruetas e nos confunde. É o maniqueísmo atuante, o bem contra o mal, o que costumamos chamar de "estar dividido, confuso."

Se privilegiamos o anjo, com certeza o demônio toma posse de nossos pensamentos. É sempre assim: o que mais negamos nos invade.

Sabe por quê? Talvez seja porque só pensamos no poder do negativo. Na realidade, damos poder ao diabinho. Ele alimenta o medo, a culpa, a raiva, a inveja, a competição, o orgulho... Ele ri, zomba de nossas tagarelices mentais. Adora nos ver tristes, angustiados e deprimidos.

> QUANDO ENFRENTAMOS A REALIDADE COMO ELA É E DIALOGAMOS COM OS DEMÔNIOS, O ANJO NOS GUIARÁ COM LEVEZA E SUAVIDADE DE FORMA NATURAL.

Então, se não podemos privilegiar apenas o anjo, como fazer? Dar ouvidos ao diabinho perverso? Essa não!

A solução é mais simples, pode confiar.

Tomar consciência e pensar bem não fugindo dos demônios, mas dialogando com ele e o colocando no lugar devido. Sempre é bom lembrar o que Jung nos ensinou: "O mal que eu evito me faz mal."

Quando enfrentamos a realidade como ela é e dialogamos com os demônios, o anjo nos guiará com leveza e suavidade de forma natural.

É interessante saber que os dois lados fazem parte de nós, luz e sombra. Somos dialéticos.

A grande questão é deixar os anjos e demônios dialogarem. A síntese acontecerá trazendo bem-estar. Afinal, "somos humanos demasiadamente humanos", como diz Nietzsche.

Não precisamos ser bonzinhos demais, nem malvados de menos. Podemos, sim, transitar pelo caminho do meio como um peregrino atento ao que ocorre em torno. Agindo em conformidade com os movimentos que vão surgindo, integrando o passado e o futuro no presente, o único instante de pulsação da vida.

DE REPENTE, NADA QUE SONHAMOS DÁ CERTO, E A RELAÇÃO TERMINA. QUANTA TRISTEZA!

Capítulo 26

# Fim de uma relação

Que seja eterno enquanto dure, disse o nosso querido Vinícius de Morais. Sabemos que tudo tem início e fim, mas, na hora H, o fim dói demais.

Uma separação nos faz romper não só com o outro, mas com algo dentro de nós que nos fez amar.

Na realidade, é a pessoa projetada no outro que rompe consigo mesma. O outro é aquele que amamos um dia, com nossas expectativas e frustrações. É uma loucura a nossa psique! São loucas as relações humanas! Quase sempre pensamos que o outro rompeu com a gente. Na realidade, esquecemos os jogos que fazemos para o outro romper conosco.

Sim. A separação é um meio de nos libertarmos de algo que nos escravizava. Falta-nos a coragem de dar o fora e começar de novo sozinhos.

O fim de relação pode ser um pretexto para uma reflexão sobre nós mesmos. Para caminharmos ao nosso lado e ficarmos amigos daquele ser que muitas vezes deixamos de lado: o Eu.

Terminar uma relação é muitas vezes um ato de coragem. Dizer não às rotinas, às brigas, às mesmices, sem medo de sair do comodismo, de abrir-se a novos encontros.

O rompimento pode ser o início da união do si mesmo com o eu. Do eu comigo mesmo.

A dor, no início da separação, faz parte do ritual do desapego. Diz Nietzsche: “O que não nos mata, nos fortalece”. A dor pode fortalecer, pois nos coloca diante da angústia existencial. Por que não podemos sentir dor? Ela faz parte dos que pensam. Fugir da angústia empobrece nossa alma.

Somos seres da angústia. Pensar no ficar sozinho, na liberdade de ir e vir, nas múltiplas implicações do fim da relação, tudo isso pode ser um belo exercício de autonomia.

Ai! Quantas coisas boas e ruins num só ato de vida.

O fim de uma relação é a vida acontecendo. É coisa de quem se permite ir fundo no amar e no odiar. Enfrentar a luz e a sombra. Morrer e nascer.

O fim de uma relação é a vida acontecendo.

O bom de tudo é que o tempo passa e tudo começa outra vez. Uma nova paixão chega. Por outra pessoa ou por outras coisas. Nosso riso ressurge, mostrando que aquilo que parecia trágico era apenas uma pequena gota no oceano da vida.

O sofrimento faz parte da vida. Administrá-lo com sabedoria é fundamental. Não podemos fugir da dor. Quem foge se vê engolido por um sofrimento infinito.

Capítulo 27

# Sem fugir da dor

Cada vez mais o pós-modernismo convida ao hedonismo, à busca do prazer desordenado.

A busca enlouquecida do prazer tem criado um descuido coletivo, decorrente da falta de consciência diante da realidade que desmorona.

Fugir da dor e do sofrimento tem afligido o homem que rejeita a ideia de envelhecer e que quer sempre ter meios de controlar seu pesar diante de tudo que é passageiro.

Encarar a minha dor e o meu sofrimento, bem como a dor e o sofrimento do outro, tem ficado em segundo plano na existência coletiva.

Não quero fazer a pregação de que só a dor salva, pois esse discurso tem um quê de dominação, controle e poder. Quero falar da realidade existencial que ocorre quando há dificuldades, doenças, dor e sofrimento.

Não há como fugir dessa realidade, colorindo-a com falsas ideologias, camuflar a vida e seus fatos trágicos. Não falo de forma pessimista, mas realista.

Só quando nos damos conta da tristeza, da dor e do sofrimento conseguimos fazer uma revolução, não só com ideias, mas com ação efetiva.

Fugir da dor nos aliena. Enfrentar a dor eleva nosso potencial.

A dor da alma e a dor da perda nos atingem e deixam cicatrizes. Elas permanecem. O melhor a fazer é não alimentá-las, pois cultivá-las seria masoquismo.

Sabemos que, muitas vezes, a doença é um caminho para a transformação. "É na queda que o rio cria energia." Essa frase me agrada muito. Enfrentar as sombras, as dores e os sofrimentos nos deixa fortes, abre nosso coração para a compaixão. Ajuda-nos a lutar, no dia a dia, pela construção de um mundo melhor.

FUGIR É A ESTRATÉGIA MAIS ALUCINANTE PARA QUEM TEM MEDO DE ENCARAR A DOR.

Negar e fugir da dor é algo que nos acomoda, nos coloca numa busca alucinada de prazeres. O egoísmo lança mão dessa procura para justificar sua impotência. O umbigo passa a ser o centro do mundo. Fugir é a estratégia mais alucinante para quem tem medo de encarar a dor.

Lutar é possível para todos que enfrentam de frente os males do mundo. A superação é um exercício de maturidade e humanidade.

ENCONTROS E DESENCONTROS NOS LEVAM À SOLIDÃO. SERÁ QUE ALGUM DIA CONSEGUIREMOS SAIR DESSE IMPASSE?

Capítulo 28

# Encontros e desencontros*

* Patrícia Xavier Rossi.

"E você andava sozinho, perdido, errando de bar e bar, procurando não achar", como disse Lulu Santos.

Desiludido, com o coração fechado para balanço. Os últimos anos foram ótimos, lindos, passados com um, dois ou três amores, cada um do seu jeito, à sua maneira, e cada qual em sua época.

Foram tempos bons... que passaram. Você viveria tudo de novo se pudesse voltar atrás. Foi sua história; foi ela que o fez chegar aonde você está hoje, foi ela que fez de você quem você é.

O coração, claro, fica cheio de cicatrizes, que indicam que ali está alguém que amou, chorou, sorriu, brigou, beijou, ficou triste e foi feliz.

Prefiro mil vezes um coração cheio de remendos, mas pulsante, a um lustrado e brilhante, mas parado.

Agora, mesmo sozinho, você está tranquilo, feliz com suas escolhas. De repente, porém, surge das cinzas alguém interessante, que faz seu coração calejado bater mais depressa. Química, hormônios à flor da pele.

> Quero mais é viver! E tudo fica colorido, os sonhos passam a ter outro ritmo.

Alguém que você conhece, mas que não imaginaria capaz de fazer com que se sentisse vivo novamente.

O corpo treme, as pernas afrouxam, a boca chama, a carne arde. E você se embaralha, se confunde. Será? Por que não? Por que sim? Existe certo e errado? Jornada de carnes e desejos. Censura? Para quê? Depois de certa idade isso se torna clichê. Quero mais é viver!

E tudo fica colorido, os sonhos passam a ter outro ritmo.

Dá vontade de fugir numa tarde de trabalho para ver o outro, fazer loucuras que pessoas sãs jamais fariam (ou melhor, fariam, mas não admitiriam).

Dá vontade de ligar, de falar, ouvir a voz, de ver, sentir. Mas você não faz tudo isso... ou faz com toda cautela do mundo. Na verdade, tudo que você queria mesmo era jogar tudo para o alto e ir ao encontro da tentação que o devora.

São uma delícia os suspiros profundos, os sorrisos acidentais quando pensamos naquela pessoa. Paixão? Por que não? Pode ser uma paixão instantânea, de um dia, de uma semana, de um momento. Ou não. Eu chamaria de vida!

Depois de certa idade, você percebe que pode sentir tudo isso sem se machucar, sem machucar o outro, pelo simples fato de querer. Você pode. Agora você pode tudo!

OUTRA QUESTÃO IMPORTANTE, QUE PRECISA DE UMA SÉRIA REFLEXÃO, É A PERDA DA IDENTIDADE EM UM RELACIONAMENTO. MANTER UM RELACIONAMENTO QUE NÃO SE TRANSFORMOU EM AMOR POR MEDO DA SOLIDÃO FAZ COM QUE A PESSOA PERCA SUA IDENTIDADE. VALE A PENA DEIXAR DE SER QUEM VOCÊ É?

Capítulo 29

# Sou quem eu era?

O relacionamento era um sonho. O casamento aconteceu dentro dos conformes. Até que as exigências foram surgindo... Abrir mão dos próprios desejos e sonhos para manter a rotina conjugal aparentemente perfeita. Abrir mão da própria identidade para preservar o tão esperado final feliz.

A expectativa de que o parceiro mude para se ajustar aos nossos padrões compromete a individualidade. Há quem pense que o outro deve ser igual ao que consideramos ideal: bonito, bom, rico, inteligente. "Vou amá-lo se você corresponder às minhas expectativas. Caso contrário..."

Dentro desse critério não existe espaço para aceitar o outro "apesar de" suas imperfeições. O amor não entra nesse ideário.

Abrir mão de si mesmo para agradar ao outro não vai dar certo, mesmo que a princípio se acredite nisso. Com o tempo, as implicâncias e a impaciência vão deixando suas marcas de desconforto.

> DENTRO DESSE CRITÉRIO, NÃO EXISTE ESPAÇO PARA ACEITAR O OUTRO "APESAR DE" SUAS IMPERFEIÇÕES.

Uma grande verdade precisa ser dita, apesar de as verdades serem relativas. Ninguém muda ninguém, e ninguém muda por ninguém. Amamos o outro quando o aceitamos em suas imperfeições e humanidade.

Não é tão simples, pois é mais fácil querer que o outro tenha a perfeição que não temos. Mudar o outro é mais convidativo que mudar a si mesmo. O defeito sempre é mais visível no outro. O outro é o complicado, o enjoado, o chato. Nós somos sempre ótimos e gentis. Que engano!

Se houvesse uma receita pronta para mudar nossos defeitos, o dono da fórmula estaria milionário. A autoajuda está longe de ser uma ajuda. Enfim...

> Para o amor fluir é preciso atentar para certos aspectos importantes. Um deles é o saber escutar. Como é difícil ouvir o outro! Muitos conflitos surgem disso.

Capítulo 30

# A DIFÍCIL ARTE DE ESCUTAR

A tagarelice real e mental se alastra
quando os encontros surgem.
Cada um quer falar mais que o outro.
A ansiedade domina.
A luta pelo poder e a competição assumem o comando.
Silenciar, escutar e dialogar,
na maioria das vezes, nada disso acontece.

Sair de si,
escutar por inteiro,
em pura presença,
no tentar compreender,
é uma arte sábia.

Ouvir não basta.
Silenciar é preciso,
em total atenção à fala do outro.
Muitas vezes só se pensa na autoafirmação,
querendo alimentar o ego do poder.

Não se escuta o que outro está falando, pois
a preocupação é apenas no que se vai responder.

E, na maioria das vezes,
essa resposta não tem nada a ver com a conversa.
Escutar requer respeito,
abertura,
capacidade reflexiva,
humildade,
capacidade para ser aprendiz.

ESCUTAR E DIALOGAR É UMA ARTE DE QUEM REALMENTE SABE AMAR.

O silenciar nem sempre significa escuta.
A tagarelice interna pode estar cheia de preconceitos.
O silêncio da escuta pontua e responde sem orgulho e vaidade.
O silêncio da escuta pergunta e se posiciona,
gerando um diálogo sustentável.

Escutar e dialogar é uma arte
De quem quer realmente aprender.
Escutar e dialogar é uma arte
De quem realmente sabe amar.

OUTRO ASPECTO FUNDAMENTAL É O CARINHO CUIDADOR. CUIDAR AMOROSAMENTE ACENDE O AMOR.

CAPÍTULO 31

# CARINHO CUIDADOR

A correria da vida nos coloca muitas vezes em falta com quem amamos. Priorizamos as festas, as compras, a televisão, a internet, mas não temos tempo para uma visita, um telefonema, um gesto de cuidado para com quem dizemos amar. Não encontramos tempo mesmo para nosso parceiro de todos os dias. Incrível!

Neste mundo hiperconsumista, o outro fica sempre em segundo plano. As "coisas" passaram a ter mais valor. É uma pena! Onde fica o cuidar amoroso do parceiro? Qual o lugar das amizades verdadeiras? Onde fica o compartilhar? Onde fica o estar juntos pelo simples fato de estar juntos? O que dizer das confidências e trocas afetivas?

Ir devagar, adotar uma postura *slow*, é uma chance de refletir a respeito do tempo perdido com a afobação, pensar sobre a inconsciência, sobre o consumismo desenfreado. Encontrar tempo para um carinho cuidador alimenta nossa alma e nos traz de volta a humanidade.

> DAR OU RECEBER UM CARINHO CUIDADOR PREENCHE NOSSA VIDA DE SIGNIFICADO. A ALMA SE FAZ NA RELAÇÃO COM O OUTRO.

Faz-se necessário parar e pensar na importância de estar com o outro para viver coisas simples. Um papo legal ou cabeça. Cozinhar juntos e desfrutar de uma boa mesa. Caminhar sem pressa. Ler lado a lado comentando o que acabou de ler. Coisas simples compartilhadas aquecem a alma. Comer pipoca assistindo a um filme, abraçados sob o cobertor. Quer coisa mais gostosa?

Dar ou receber um carinho cuidador preenche nossa vida de significado. A alma se faz na relação com o outro.

Pensar que o inferno é o outro muitas vezes pode nos fechar para o acolhimento amoroso. Compreensão, compaixão, paciência, tudo isso nos faz mais amorosos e dispostos a cuidar do outro. Quer um carinho? Encontre-me numa das estradas da vida. Vamos andar como peregrinos, lado a lado, no exercício de viver em comunhão.

PARA O AMOR FLORESCER, DEVEMOS USAR MAIS A RAZÃO OU A EMOÇÃO? QUEM PENSA BEM VIVE MELHOR, REPITO SEMPRE. RAZÃO + EMOÇÃO = SOLUÇÃO.

Capítulo 32

# Pensar? Para que pensar?

Somos viciados em receber tudo pronto. Pensar? Para que pensar? Se as coisas ao redor estão disponíveis enlatadas, deformadas em informações programadas.

Questionar? Para que questionar? Mais fácil ser conduzido pelas ideologias dominantes. Ser massa e rebanho, ser aceito pela alienação da maioria.

Ligamos a televisão e ficamos paralisados, vendo os mais fantásticos recursos tecnológicos nos ensinando o que devemos ou não fazer. Acreditamos que o que está na TV é verdade absoluta.

Para que refletir? Duvidar? Analisar? "Coisa de intelectuais malucos", acreditam muitos.

Ser ou não ser? Relatividade. Dúvida. Interrogação. Angústia. Para que complicar a vida? Saber de nossas sombras projetadas no mundo e nos outros? Para quê? Queremos somente a perfeição.

Acreditamos que a vida é isso. O que os outros nos dizem que deve ser se torna o dogma estabelecido. O "pode ser" ou "não ser" não tem lugar em nossa rotina.

Muitos dizem: "Gente maluca esses filósofos e terapeutas. Complicam a vida. Andam na contramão e questionam tudo. Nada respondem, só perguntam. Parecem crianças de 5 anos querendo ter a razão das coisas."

Outros falam: "Imagine só. Há professores que não querem dar aula, eles querem que a gente pense. Dão textos e ficam observando a gente trabalhar. Que chatice! Pensar para quê? Queremos tudo pronto. Decorar e copiar. Pensar dá trabalho. Para que pensar, se na internet encontramos tudo pronto?"

Será que as grandes descobertas surgiram como um passe de mágica? Ou saíram da cabeça de gênios pensantes? Teríamos a internet, o avião, o celular, as grandes cirurgias, se todos ficassem apenas sentados diante do aparelho de televisão copiando e repetindo o que já existe?

Há 2 500 anos um homem singular chamado Sócrates nos convocava a pensar, por meio de questionamentos. Ele foi condenado a tomar cicuta por ser considerado um homem muito perigoso. Pensar é perigoso por gerar transformação.

Jesus também não dava o peixe; ele ensinava a pescar. Era também um homem perigoso, que acabou crucificado. Continua perigoso ainda hoje, pois nos convida a nos transformar.

> PODEMOS E DEVEMOS USAR TODA A NOSSA INTELIGÊNCIA E CRIATIVIDADE PARA PENSAR E REFLETIR CONTINUAMENTE.

Criatividade? Singularidade? Ser rebelde? Ser livre? Para quê? Viver plenamente, com as luzes e as sombras? Com angústias e alegrias? Vale a pena viver com o nosso coração atrelado à cabeça? É uma questão de escolha e de consciência.

Ética. É bom lembrar que ética é a liberdade de escolher. As luzes precisam acender e nos fazer notar que temos neurônios adormecidos em excesso. Podemos pensar com o cérebro ativo e usar nossa genialidade reprimida pelo sistema que prefere cordeiros.

Como? Será que conseguiremos romper com a preguiça de pensar por nós mesmos? Sair da acomodação e ter a coragem de agir livremente sem as muletas das cópias e regras estabelecidas?

Experimente pensar. A vida acontece agora.

A questão é descobrir o próprio caminho entre as pedras e encontrar a fonte.

Não nascemos humanos para sermos apenas animais. Recebemos um cérebro capaz de pensar e criar. Não é justo colocar nosso potencial no armário das inutilidades e não vivê-lo de modo integral. Afinal somos demasiadamente humanos, seres de inteligência e consciência.

Podemos e devemos usar toda a nossa inteligência e criatividade para pensar e refletir continuamente, no intuito de participar do grande desafio do viver humano. Sem perder a intuição e a emoção.

Muitos acham que pensam, todavia, estão possuídos por sentimentos ou sensações. Pensar convida ao uso da razão, da lógica, da ponderação e da reflexão. Pensar com o coração. Nossa inteligência pode e deve usar de toda a sua criatividade num pensar e refletir contínuos, a fim de realizar o grande desafio do viver humano.

Quem pensa seleciona as melhores emoções, abandona as emoções negativas. Encontra soluções sustentáveis sem perder o coração.

Pensar para quê, por quê?

A resposta é simples:

Quem pensa bem, vive bem! Quem pensa bem vive melhor o amor e o sexo. Isso é chocolate para a alma.

Somos o que pensamos. Você duvida disso?

Capítulo 33

# Somos o que pensamos

Nosso pensamento cria nossa realidade.

Portanto, cuidemos de nossos pensamentos. Somos capazes de afetar o que nos cerca com bons ou maus pensamentos.

A física quântica e a neurociência comprovam que o que acontece dentro de nós vai criar o que acontece fora. Nós criamos a realidade. Nosso cérebro não sabe distinguir o que acontece "lá fora" do que acontece "aqui dentro." Não existe "lá fora" independente do que ocorre dentro de nós.

Somos responsáveis por nossa felicidade ou infelicidade, por nosso sucesso ou insucesso.

Temos a capacidade, entretanto, de afastar as ideias negativas e construir novas possibilidades de viver bem. Não é mágica, é o resultado de ação determinada e de muito treino advindo de um trabalho consciente em si mesmo.

Vamos nos conhecer melhor? Mudar os padrões? Abrir-nos para novas possibilidades?

Pode parecer difícil, mas, se pensarmos um pouco, veremos que pode ser simples.

Temos um amontoado de memórias pessoais e coletivas. Os psicanalistas o chamam de inconsciente, e os filósofos, de agendamentos. Bem, o que importa mesmo é saber que o que foi mal vivido age em nosso interior como um complexo, atormentando-nos com a ansiedade, que se transforma em vício, pensamento repetitivo.

Vamos nos conhecer melhor? Mudar os padrões? Abrir-nos para novas possibilidades?

Como pensar bem se temos uma lixeira dentro de nós?

Se pudéssemos apagar tais dados como fazemos em um computador, seria ótimo. Por isso a autoajuda não funciona. Cada um tem um jeito muito especial de solucionar esse problema. Para isso é preciso pensar bem ou esvaziar a mente. A meditação ajuda, a imaginação ativa também. Terapia é um recurso melhor ainda. Não existe um caminho só. O antropólogo Carlos Castañeda explica: "Olhe bem cada caminho, e com propósito. Experimente-o tantas vezes quanto achar necessário. Depois, pergunte-se, e só a si, uma coisa. Essa pergunta é uma que só os mais velhos fazem. Dir-lhe-ei qual é: esse caminho tem coração? Se tiver, o caminho é bom; se não tiver, não presta. Ambos os caminhos não conduzem a parte alguma; mas um tem coração e o outro não. Um torna a viagem alegre; enquanto você o seguir, será um com ele. O outro o fará maldizer a sua vida. Um o torna forte, o outro o enfraquece."

Muitas vezes ficamos confusos e nos sentimos tolos. Ficamos com vergonha de não sermos perfeitos. Podemos ser menos bobos? Temos que seguir regras e padrões?

Ser menos bobo ou ser o bobo da corte, eis a questão para muitos que anseiam por uma vida de qualidade. Viver qualitativamente pode ser uma boa questão dentro da relatividade do existir.

Um grande amigo me fez pensar, com um grupo, sobre como ser menos bobo na realidade atual. Esse pedido inusitado me fez refletir.

Ri bobamente no primeiro momento; aliás, em determinadas circunstâncias, gosto de dar lugar ao humor, um dom que apenas os humanos possuem.

Permito-me muitas vezes ser a boba da corte, sem me cobrar perfeição, o saber ou o poder. Mas, como gosto de desafios e também da reflexão, aceitei o convite.

Ser menos bobo significa ser atento, ativo, produtivo, solidário, cooperativo e atento. Como temos nossas sombras, nem sempre conseguimos ser assim, mas podemos nos esforçar para tal. Sem ansiedades e culpas podemos ser bem melhores. Melhores não para o mundo, mas para nós mesmos. Não para conseguir o paraíso, mas para viver o dia a dia e suas circunstâncias.

Ser o bobo da corte significa estar à espreita, escutar e observar como se nada soubesse, mas captando tudo ao redor. Brincando com graça. Mantendo-se invisível, simplesmente, ao lado de todos, sendo o que é.

A questão vai além do não ser bobo ou o bobo da corte. Ela percorre um longo caminho reflexivo:

- Autoconhecimento, no "conhece-te a ti mesmo" socrático.
- O conhecimento do mundo das ideias platônico.
- O conhecimento ordenado aristotélico.
- Compartilhar amigos por meio do conhecimento analítico reflexivo epicurista, com simplicidade, sem orgulho, sem vaidade.
- Administrando a raiva, transformando-a em ação construtiva como Sêneca ensinou.
- Compreendendo que o sofrimento faz parte da vida e pode ser assimilado filosoficamente, como nos orientaram Schopenhauer e Nietzsche.
- Descobrindo o prazer nas coisas simples.
- Sabendo a hora de falar e silenciar.
- Escutando sem julgamento e compreendendo a singularidade de cada um.
- Respeitando as escolhas dos outros.
- Trabalhando com o entusiasmo de quem quer evoluir e construir algo sustentável para o planeta.
- Colocando o coração e o amor em cada ação. Sem buscar a perfeição, mas a plenitude de ser humano demasiadamente humano.

O bobo pode ser o homem alienado, um zé-ninguém, fantoche dominado pela ideologia vendedora de ilusões.

O bobo pode ser o homem que perdeu sua identidade e age como um cordeiro, imitando a moda e a maioria.

O bobo pode ser o homem que não enxerga seu potencial e que se sente menor por deixar sua autoestima ser diminuída pelo poder dos invejosos.

O bobo pode ser o homem que crê que a salvação vem de fora, do poder e dos deuses, esquecendo-se de que é dentro de si que está toda a solução.

O BOBO PODE SER O HOMEM QUE NÃO ENXERGA SEU POTENCIAL E QUE SE SENTE MENOR POR DEIXAR SUA AUTOESTIMA SER DIMINUÍDA PELO PODER DOS INVEJOSOS.

Sair dessa posição de conformismo e ser um livre pensador, dono de seu destino, é uma questão de escolha. Essa escolha dependerá de uma profunda e longa reflexão.

É possível transpor muros e obstáculos iniciando uma jornada heroica de individuação. A oportunidade começa aqui e agora, no sempre presente instante em que a vida acontece.

Ser ou não ser bobo pouco importa. Importa, sim, na agitação da vida, achar tempo para uma reflexão que nos faça pensar por nós mesmos, com a coragem de ser o que realmente somos.

PODE NÃO SER FÁCIL, MAS É POSSÍVEL. AS PALAVRAS TÊM FORÇA TRANSFORMADORA. DELAS DEPENDE A QUALIFICAÇÃO DO AMOR.

Capítulo 34

# Sedutoras palavras

Muitos esperam belas palavras otimistas, que seduzem e iludem. Poucos são os que desejam palavras verdadeiras, que incomodam e fazem pensar.

Muitos esperam palavras de autoajuda, que prometem milagres rápidos, porém difíceis de colocar em prática. Tais palavras podem gerar ansiedade e frustração, afinal, nem sempre se consegue realizar o que propõem os textos manipuladores.

Poucos são os que querem enfrentar a vida como ela realmente é, mergulhando em sombras e labirintos, passando por entre os abismos infernais para encontrar a alma, que feliz espera os que se dão ao trabalho de alcançá-la.

> Poucos são os que desejam palavras verdadeiras, que incomodam e fazem pensar.

Nossa jornada pelo fenômeno chamado vida nem sempre é tão fácil e calma. São inúmeros desafios e obstáculos constantes. Como disse Nietzche sabiamente: "O que não nos mata, nos fortalece."

Fugir e ignorar é o que a maioria tenta fazer. Fugimos das dores e sofrimentos na ilusão de que eles podem desaparecer como mágica. Disfarçamos as angústias colocando máscaras que não as escondem, por mais que tentemos.

Não falo aqui de dor e sofrimento como salvação, do modelo judaico-cristão. Falo da realidade que precisa ser compreendida e enfrentada. "O mal que eu evito me faz mal", foi o que disse o grande mestre psicanalista

Jung. Ao enfrentar a dor, podemos encontrar o amor. Sombra e luz fazem parte da vida. Existe parto sem dor? Dor é parte da natureza, assim como o amor.

Só quem enfrenta as dores do mundo será capaz de amar verdadeiramente. Faz-se fundamental encontrar uma realidade mais acessível para ser vivida por inteiro: vida simples, amigos e conhecimento.

As palavras não mais precisarão seduzir; diante do espanto, diante do viver, elas apenas vão expressar o sentido das coisas. É entre o espanto e a palavra que existem o vácuo, o vazio e o amor.

Não é preciso falar de amor, apenas senti-lo no fluir "entre" todas as coisas, nos silêncios e nos vazios, pois amor é a energia essencial do viver. As palavras sedutoras existem para falar do amor que não se sente. Quem sente vive o amor, e nem sempre precisa da sedução das palavras para aclamá-lo.

O amor se apresenta na poesia e nos gestos eróticos e amigos. O amor flui na estética do todo, na poética dos vastos espaços por onde o ar perpassa.

A sedução promove a armadilha, oculta a manipulação dos que vivem na ausência do desejo.

O observador sensível, que respira um amor profundo, que olha com admiração cada mínimo detalhe, descobre a palavra certa que toca a alma. E, diante da dor e do sofrimento, rende-se compreensivo e age heroicamente, passando por labirintos abismais em silêncio. Esse simples humano observador, porque vive e sente, abre o coração à compaixão, colocando-se ao lado do outro, num compartilhar amigo, num "estar com". Isso basta. Não há necessidade de palavras, pois a transparência do existir diz tudo. O amor acende a alma e a lua; já os poetas falam de amor com arte e plenitude.

Além de escutar, de cuidar e de escolher palavras bem ditas, precisamos abandonar a vergonha de nosso corpo. Negamos muitas vezes o corpo por medo da rejeição. Precisamos ter consciência corporal. Amar a si mesmo é fundamental para amar o outro integralmente. Não custa lembrar: o corpo é alma.

Capítulo 35

# Com que corpo que eu vou?

Imagine uma praia. Todo mundo olha para todo mundo. Corpos desnudos. Não há como se esconder. E se esconder para quê?

Muitos passam a vida em academias e dietas, não pela saúde, mas pela imagem. Mas, quando chega o sol, o corpo surge soberano, sem disfarce, do jeito que ele é. Corpo é alma. Queiramos ou não, ele é. Na praia, criticar a barriga avantajada deixa de ser prioridade, pois quase todos a têm. Viva a liberdade de tomar todas as cervejas, comer todos os salgadinhos gordurosos e tomar deliciosos sorvetes! Quem resiste? E para que resistir? O grito de liberdade ecoa pelo mar sem fim.

Muitos, inutilmente, tentam esconder o que é visível. As cangas tentam disfarçar a celulite e os maiôs, as estrias. Os homens, felizmente, se entregam ao que são. O medo do julgamento acontece de mulher para mulher. O medo da crítica impede o gozo de saltar as ondas e mergulhar no azul infinito.

A praia revela, desvela, tira as máscaras, explicitando a realidade corporal nua e cruamente. Felizes os que se assumem como são. Não somos gregos clássicos, que buscavam a beleza da forma. Nem somos renascentistas, que também proclamavam a perfeição da forma. Somos mais barrocos, com suas sombras aparentes.

Vamos viver sem censura, brincar com a vida em toda a sua extensão hedonista, no prazer de todos os sentidos, sem tornar nossos desejos uma patologia. O nosso comportamento virou doença. Vivemos na era das proibições.

Quer ver coisa mais bonita que as cores dos biquínis e dos calções em corpos bronzeados desfilando a celebrar o sol, o mar e o nada fazer? Se os humanos perdessem menos tempo na tentativa de cultuar uma imagem idealizada, algo que acontece principalmente no verão, a exposição da imagem real, transparente, autêntica, deixaria as almas mais livres para se comunicarem umas com as outras sem disfarces. A honestidade livre de culpas evitaria múltiplos julgamentos espelhados. O que vemos no outro é o que projetamos nele.

> DEIXE SEU CORPO LIVRE PARA QUE ELE SE EXPRESSE COMO ELE É: SIMPLESMENTE BELO POR EXISTIR.

Por tudo isso, viva a luz e o sol! Deixe seu corpo livre para que ele se expresse como é: simplesmente belo por existir.

> NÃO PODEMOS ENTRAR NUMA RELAÇÃO VERDADEIRA E AMOROSA SE NÃO NOS ACEITARMOS.

Capítulo 36

# Aceite-se como você é

*Patrícia Xavier Rossi

Voltando do Café Filosófico hoje, cujo tema foi "Montaigne e a autoestima", deparei com algumas questões e gostaria de compartilhá-las com vocês.

Montaigne foi um filósofo do fim do século XVI e um pouco diferente dos outros. Segundo ele, para elevar a autoestima, é preciso superar a vergonha do corpo e da mente, bem como o medo do julgamento. "A pior desgraça, para nós, é desdenhar aquilo que somos", dizia ele. Em sua filosofia, ele afirmava que "temos tantos problemas justamente porque somos racionais, porque pensamos, e isso atrapalha nossa relação com nosso corpo. Ao contrário dos outros animais, temos repulsa por nossa corporalidade. Achamos que somos gordos, brutos ou desajeitados demais. Desenvolvemos distúrbios alimentares, complexos sexuais e bloqueios."

Pelo que se vê, isso não mudou com o passar dos anos. Constatamos que a relação com o corpo vem muito antes do mundo moderno nos impôr a imagem de um corpo ideal, esquelético ou "perfeito", ao estilo das passarelas e propagandas de moda. A relação do ser humano com o corpo vem desde que o homem passou a tomar consciência da sua singularidade e de que não existe perfeição e, sim, seres humanos, cada qual com suas qualidade e defeitos.

De acordo com Montaigne, como o corpo não era um assunto adequado para nenhum ambiente, muito menos para os livros de filosofia, acabávamos pensando nele como motivo de vergonha. Ele nos persuadia a aceitar nosso inegável lado animal.

Ao observar os animais, Montaigne chegou a uma conclusão interessante. "A sabedoria animal muitas vezes é maior que a nossa; por exemplo, os animais ficam mais à vontade com o corpo deles, não têm os constrangimentos, as vergonhas e os pudores que temos. Sua relação com o corpo é mais natural."

Abrindo um parêntese, pergunto-me por que o ser humano tem repulsa do próprio corpo e de seu funcionamento.

Ontem, conversando com alguns colegas de faculdade, acabei ouvindo a história de uma moça que tem nojo de imaginar o namorado defecando, ou da sua própria menstruação, como se isso fosse algo nojento ou antinatural. Não seria isso ir contra a própria natureza?

Talvez seja mais fácil viver num mundo plastificado em que a boneca Barbie é modelo de beleza; afinal, ela não tem necessidades biológicas, logo, não precisa pensar nisso.

Ao nos compararmos aos animais, Montaigne afirma que devemos aceitar o corpo que temos como ele é, mas com uma pitada de humor e tão naturalmente quanto os animais o fazem. É tão simples. E "uma ideia não precisa ser complexa para ser verdadeira", dizia ele.

Ter um cérebro desenvolvido não é um problema só porque nos leva a ter vergonha do próprio corpo, mas também porque nos torna arrogantes, crentes de que sabemos o que é certo e prontos para impor nossa visão aos outros.

> O QUE É CERTO E O QUE É ERRADO QUANDO FALAMOS DE SERES HUMANOS?

Cada sociedade tem seu parâmetro do que é normal, do que são roupas, comidas ou conversas normais. Quem foge desse parâmetro está sujeito a ser alvo de julgamento e preconceito, a ser tachado de "esquisito", a ser objeto de chacota ou coisa pior.

Isso me fez lembrar do episódio 16 do seriado norte-americano *Glee*, em que uma aluna do ensino médio, gordinha (portanto, fora dos padrões), tinha que emagrecer para ser aceita entre as animadoras de torcida do time da escola. Depois de brigar com a balança, fazer dietas malucas e ir contra seus princípios, ela anuncia para seus colegas: "Como a maioria de vocês sabem, ser líder de torcida é ser perfeita e vencedora, ser sexy e popular. Bem, eu acho que deveria ser diferente. Quantos de vocês nesta escola se acham gordos? Quantos acham que talvez não tenham valor? Ou que são feios ou têm muitas espinhas, ou que não têm amigos? Bem, às vezes eu sinto isso. E isso não é certo!"

Portanto, vamos pensar antes de acusar os outros, ou nós mesmos. O que é certo e o que é errado quando falamos de seres humanos? Por que a busca do corpo perfeito se não sabemos o que seria um corpo perfeito? Ele existe? Aonde tudo isso irá nos levar?

Com certeza a uma loucura coletiva em que todos os indivíduos serão (ou já são?) infelizes com o que possuem.

OUTRO ELEMENTO QUE NOS AFASTA DA FRUIÇÃO, DA HARMONIA E DO ENCONTRO AMOROSO É A PREGUIÇA. A PREGUIÇA PODE NOS SABOTAR E IMPEDIR QUE O AMOR SE APROXIME.

CAPÍTULO 37

# DEIXE A PREGUIÇA DE LADO

Temos preguiça, afinal somos humanos.

Muitas vezes a preguiça pode ser autossabotagem. Entre a decisão de realizar algum projeto importante e a ação para executá-lo há uma lacuna em que a preguiça se estabelece.

Esse hiato pode impedir que nossa vontade se realize. Deixamos para depois...

O hábito de possibilitar que a preguiça seja soberana tem sido responsável por muitas frustrações e desencantos.

As causas da preguiça podem ser físicas – um cansaço real –, uma doença camuflada ou até mesmo noites mal dormidas e estresse. As causas psíquicas podem, na maioria das vezes, ser responsáveis por essa forma de autossabotagem. Uma avaliação consciente e honesta pode ser útil no combate desse inimigo silencioso e perverso.

Com frequência abandonamos o rigor da disciplina, como se agir somente pelo prazer fosse importante.

Nosso mundo hedonista prioriza o desejo em detrimento da firmeza determinada. Esquecemos que, se só seguirmos os prazeres, poderemos ser engolidos pela ausência de vontade.

A vontade determinada requer repetição, capacidade de lidar com a dor e com os desafios da ação. Vontade determinada é fruto da escolha livre. Avalie o que os desejos e a preguiça têm feito por sua vida. Busque ajuda para uma reflexão a respeito de seus boicotes. Somos mestres em nos prejudicar e fugir das razões que nos afastam da felicidade.

Compartilhar pensamentos com um profissional pode ser o caminho para a transformação efetiva. É bom lembrar que apontar o dedo para o outro e chamá-lo de preguiçoso é um julgamento equivocado. Cada um deve se autoavaliar e se dar conta do que tem na alma. Espelho meu. Vemos no outro o que temos em nós e o que muitas vezes queremos evitar.

> VEMOS NO OUTRO O QUE TEMOS EM NÓS E O QUE MUITAS VEZES QUEREMOS EVITAR.

Vamos arregaçar as mangas e trabalhar para erradicar a preguiça que mina nossa vida ativa.Vamos analisar nossos complexos e desconstruir as defesas que impedem nossa jornada de individuação, isto é, nos impedem de ser o que realmente somos.

Mudar é possível. Cura é transformação.

A preguiça nos afasta do encontro amoroso. Por quê? Porque trabalhar para uma relação chegar ao amor dá trabalho. Precisamos investir na nossa transformação, na nossa consciência. Precisamos investir no encontro com seriedade e respeito, antes de tudo aceitando a singularidade do outro.

> CAMINHAMOS ATÉ AQUI. NÃO PODEMOS DEIXAR DE LADO A REFLEXÃO SOBRE O QUE É CERTO E O QUE É ERRADO. EXISTE UMA CERTEZA? TALVEZ POSSAMOS ENCONTRAR O QUE FALTA...

Capítulo 38

# Única certeza

Caminhava pela orla da praia certa manhã, meditando, cantando o mantra em sânscrito "So Ham", que significa "Estou ligada ao cosmo". O azul-esverdeado do mar era um chamado à reflexão profunda sobre a existência. Senti muitas dúvidas. Talvez ainda estivesse sob o efeito do filme *O Mundo de Sofia*, que havia assistido no dia anterior.

Pensei nos pré-socráticos, principalmente em Heráclito e no vir--a-ser. Tudo está mesmo em mutação? O mar que eu via mudava continuamente, apesar de parecer o mesmo? Seria eu a mesma pessoa do dia que nasci?

Pensei em um dos meus retratos de criança e, apesar de ter certeza de que era eu em cada um deles, não me reconhecia naquela menina. Daqui a algum tempo eu serei uma velha mulher? Serei eu a mesma em todas as fases em mutação?

Duvidei. Pensei estar enlouquecendo com tantas perguntas malucas.

Lembrei-me de Sócrates e do conceito de que "quanto mais penso que sei, menos sei". Perguntas e mais perguntas surgiram de minhas múltiplas dúvidas. Quanto mais eu me questionava, mais dúvidas surgiam no exercício maiêutico. Um parto de ideias.

Ali, diante do mar em movimento, eu percebia que só me restava ser humilde perante tantas dúvidas infinitas.

As ideias me envolveram e senti Platão me trazendo à razão. Lembrei-me do mito da caverna. Olhei para as ondas quebrando na areia e senti que não podia inventar, pois estaria no mundo das ilusões sombrias. Novamente me percebi questionando o que era real e o que não era.

Recorri a Aristóteles para organizar meus pensamentos de dúvida. Dei um salto no tempo ao buscar em Descartes a compreensão de que a dúvida é fundamental. "Penso, logo existo." E eu, que corria do pensamento de Descartes, peguei-me admirando-o. O que Descartes propôs seria realmente um erro, como disse Damásio?

Parei de caminhar e sentei-me como um Buda. A meditação, antes tibetana, tinha passado a ser uma meditação filosófica.

Precisei respirar e silenciar minha tagarelice interna. Apenas observar as ondas indo e vindo.

O "ser ou não ser" de Shakespeare me fez sorrir. Sou ou não sou? Maluquice reflexiva.

Nada ali importava. Só o mar azul e o cheiro de maresia me encantavam naquele momento. Eu era simplesmente um "eu" observando o fenômeno. Duvidando. Angustiadamente feliz.

Fechei os olhos e senti. Senti o vento em minha pele. Senti a vida pulsando em mim. Senti meu coração batendo sereno. Senti gratidão por existir e estar ali. Senti um amor imenso invadindo meu ser. Não havia mais forma. Eu me fundia com a existência e me sentia pertencendo ao todo.

Brotou em mim uma única certeza. Deus é o Todo. Deus é pura energia e eu faço parte do Todo.

> SOU HUMANA E PENSO, LOGO EXISTO. OU SINTO, LOGO EXISTO.

Não duvidei da existência de Deus. Senti. Apenas senti que não havia como duvidar da existência daquele instante ali diante do mar. Não havia a necessidade de procurar um nome. Para que chamá-lo de Deus? O poema de Fernando Pessoa brotou naturalmente:

"Se Deus é as árvores e as flores, para que chamá-lo de Deus."

Abri os olhos e vi o horizonte. Céu e mar se fundindo. Eu, energia pensante. Pó de estrela do universo infinito.

Em graça abri os braços, respirei fundo e tive naquele instante a certeza de que tudo era uma só coisa. Tempo e espaço não existiam mais. Só havia a certeza jorrando no meio de tantas dúvidas.

A certeza do *TaoDeusUniversoInfinito*. Deus dissolvido em múltiplas formas. Senti-me grávida de Deus, oceânica e cósmica. A minha oração era o meu existir ali, um instante sublime de luz. Consciência. Ser ou não ser pouco importava a partir de então. Nem mais cheio nem mais vazio. Nem vida nem morte. Apenas um longo silêncio. Fusão orgástica. Sublime gozo de ser, ao mesmo instante, menina, mulher e velha.

De repente, uma mão tocou meu ombro e perguntou se eu estava me sentindo bem. Sorri e voltei a cabeça na direção de quem me tocava. Voltei para o mundo dos existentes.

Percebi que eu tinha um corpo. Que havia gente passeando pela praia e que existiam tempo e espaço naquele momento. Pensei em Schopenhauer e no mundo como representação. Em Nietzsche e o sofrimento: "O que não nos mata, nos fortalece."

Voltei a pensar e a duvidar. Afinal sou humana e penso, logo existo. Ou sinto, logo existo.

Respirei fundo e pensei novamente no mestre Sócrates: "Só sei que nada sei."

Senti no peito um calor que me fez sorrir novamente para quem tinha tocado o meu ombro. Encarei seus olhos assustados e disse: "Tenho uma única certeza."

Não importa se aquela pessoa me achou louca. Só sei que ele foi embora sorrindo também, balançando a cabeça e dizendo: "Duvido."

Diante do mar, meditei ao modo filosófico e ao modo tibetano.

No fim restou a certeza de que sou "humana, demasiadamente humana" e plena de Deus.

MEDITAR É PRECISO PARA O MERGULHO EM SI MESMO. QUER TOMAR UM CHÁ? PARA OS CHINESES, O CHÁ REPRESENTA A CONSCIÊNCIA. É NAS PEQUENAS COISAS QUE A SURPREENDENTE ARTE DE AMAR SE REVELA.

Capítulo 39

# Xícara de chá

A virada da noite faz bater os sinos dentro de meu corpo ávido por uma xícara de chá.

As ideias, como borboletas, pululam buscando compreender a frase de Nietzsche, na voz de Zaratustra: "É preciso ter um caos dentro de si para dar à luz uma estrela cintilante."

Sinto-me grávida do novo tempo que se aproxima. Grávida de mim mesma. Carrego poesias e sentimentos para além das profundezas.

Encantada pelos poetas e filósofos que passeiam pela minha biblioteca. Engravidei por meio das palavras cheias de Eros de Walt Whitman, Fernando Pessoa, Nietzsche, Drummond e muitos outros.

Sou devassa – multidões transitam sem pudor pelos meus labirintos em busca de minha alma.

No caos do meu inconsciente habitam deuses que se "desorientam" no ocidente do meu eu perene.

Meu caos revela o mundo em que existo, cheio de fome, desalento e conformismo. Desvela as máscaras do teatro midiático em que transito. Permanece inerte diante do palco, pois vê o inferno aquecido pelas vaidades dos que corrompem transvestidos de heróis salvadores.

Em meu caos estão as marcas propagadas pela massa alucinada, que chora frente à miséria intitulada acadêmica. Grita pela libertação e pela anarquia. Picha pássaros e flores nos muros encouraçados dos machistas.

Na xícara de chá, as mulheres de Klimt me olham atentas, rindo do meu caos infinito. Talvez esperando dar à luz uma estrela cintilante.

Na vastidão da existência, pirilampos em harmonia cantam sem se preocupar com a desordem. As orquídeas em festa embelezam a trepadeira serena que cresce livremente.

A erva-doce e a camomila se espalham em meu corpo acalmando a confusão. Sorrio diante do livro aberto, do cartão-postal, da xícara de chá pintada com as mulheres de Klimt, grande artista, e das uvas de Dionísio. Shiva Nataraj, deus da criação, toca flauta e, por um instante, sinto a estrela surgindo cintilante do fundo de minha alma. Respiro fundo. Fecho os olhos e sinto que o sono chega trazendo um cortejo de palavras encantadas como serpentes. Ouço o som da flauta do dançarino cósmico. Meu ventre dança e espera. Feliz é a espera da poesia que brota nascente.

> O AMOR SEM CENSURA EXISTE PRINCIPALMENTE NO AMOR AMIGO.

Não tenho pressa. Rastros de estrelas acompanham as palavras. Há muitas noites para serem sentidas. Há muitos silêncios para tecer. Muitos amores a serem vertidos na minha biblioteca.

As orquídeas me observam e eu lhes ofereço meu olhar admirado, amante do mistério e do incognoscível, num tempo fora do tempo, no intervalo de segundos entre a vigília e o sono.

O chá faz uma convocação. A vida deseja ser vivida. Quer tomar um chá comigo? Meditar e se encontrar?

> DEPOIS DESSA PAUSA, VAMOS PENSAR NO AMOR AMIGO. QUEM NÃO DESEJA UM AMOR ASSIM? O AMOR SEM CENSURA NÃO EXISTE APENAS NO RELACIONAMENTO AMOROSO, MAS PRINCIPALMENTE NO AMOR AMIGO. EIS OUTRA COISA SURPREENDENTE NA ARTE DE AMAR: O ATO DE SER AMIGO.

Capítulo 40

# Onde estão os amigos?

Olhava através da janela e vi dois passarinhos azuis brincando juntos num galho de primavera. Fiquei a contemplar a natureza encantadora. O céu repleto de nuvens como algodão-doce. As flores explodindo em intensidade agarradas umas às outras. Então, pensei na pergunta que escuto de muitas pessoas em meu consultório: "Onde estão os amigos?"

Onde estão os amigos que nos aceitam como somos, que nos ouvem e que estão conosco pelo simples prazer de estar?

Onde estão os amigos que choram junto com a gente e vibram com nossas realizações, sem inveja e competição?

Onde estão os amigos que escrevem cartas longas contando suas reflexões, que respondem nossos contatos, mesmo que seja apenas para dizer um "estou aqui."

> Como saber se realmente o outro tem interesse por mim e não pelo que represento?

As amizades se perderam em nossa falta de tempo. Estar com quem amamos não é mais prioridade. As "coisas" se tornaram mais importantes. Os "tem que" invadiram o mundo consumido pela mídia.

A televisão, as novelas, os noticiários são vitais. Os valores mudaram. A coisificação maciça vale mais que um tempo compartilhado com um grande amigo. Na alma, porém, fica a falta. A falta do outro que se faz meu espelho. A falta de partilhar os segredos. A falta das confidências sobre nossos amores e paixões, contados na intimidade da cama partilhada em meio a risos e lágrimas. A falta de sentar no passeio e contar as histórias vividas e sofridas. A falta do amigo do peito.

Como confiar no outro? Como saber se realmente o outro tem interesse por mim e não pelo que represento?

Onde estão os amigos sinceros, que mesmo distantes são capazes de estar conosco na alma? Aqueles que, mesmo depois de anos, são capazes de trocar afeto, com respeito e sem expectativas?

Por onde andamos todos nós? Onde está nossa alma? O mundo encontra-se desalmado? Onde está nosso coração? Onde está a intimidade? Um mundo sem alma não promove a intimidade. Um mundo sem alma gera pessoas contidas que escravizam a alma e se agridem mutuamente – como não conseguem compartilhar, preferem se matar.

Há tantas informações, tantos conhecimentos, tantos... tantos! Não sobra tempo para o mero estar com o outro. Ouvir e falar de alma para alma, de coração para coração. Silenciar juntos. Rir sem motivo. Tomar um sorvete juntos. Andar na chuva. As coisas óbvias do dia a dia.

Faz falta o café ao entardecer. Sentar para falar de trivialidades. Viajar pelas estradas da vida, sem rumo, na confiança de um ombro amigo. Até para envelhecer lado a lado e falar dos filhos, dos amantes que se foram e das dores que ficaram.

Ou repensamos a questão de onde estamos, no que diz respeito à amizade, ou estaremos fadados à solidão da maioria.

> NESTE MUNDO QUE CONSOME DEMAIS, QUE COMPETE DEMAIS, NO MUNDO QUE PÕE O TER NA FRENTE DO SER, MUITOS SENTEM A FALTA DO AMOR E DA AMIZADE. A SOLIDÃO INFELIZMENTE SE ALASTRA. HÁ SOLUÇÃO PARA ESSA CRISE?

Capítulo 41

# Solidão da maioria

Li no jornal que "Fernando Sabino, autor de *O grande mentecapto* e de outros livros notáveis, conta em suas histórias fatos de absoluta sensatez diante da irrealidade do mundo do rebanho da solidão, o ser que é mercadoria. Ele se antecipou no tempo e no espaço a essa percepção."

No meio de todos, a maioria, ao fugir da solidão, se vê sozinha. Parece ironia, mas a realidade vai sendo tecida em um tempo que pessoas se transformaram em mercadoria. Tempo em que os valores estão em mutação e a insegurança assola todas as vertentes.

A história pode ser a da moça que sai de casa à meia-noite para ir ao encontro de sua "tribo" na boate. Num vazio angustiado, ela quer "ficar" com alguns rapazes, sem ao menos saber o nome deles e se haverá um amanhã. O álcool e as drogas podem disfarçar a solidão da maioria. E o rebanho sai frenético da boate, fazendo de seus automóveis armas destrutivas, pois vidas não valem muito. Os pais e mães, solitários no seu grito de não saber como se comportar, mal conseguem dormir, não sabem conter a falta de disciplina e o desrespeito à vida.

A história pode ser a do empregado que acorda de madrugada e entra no ônibus sem ao menos olhar para o lado. Chega à fábrica e, como os apertadores de parafusos filmados por Chaplin, ignora o colega ao lado. Volta para casa na hora do *rush*. Não fala com a mulher ou com os filhos e se contenta em ligar a TV para se alienar da vida dura. Dorme e acorda como autômato, e assim prossegue. Vai ao estádio de futebol, grita e solta suas angústias, num desabafo inconsciente. Vota e vomita sem ter ideia do motivo.

Podemos contar tantas histórias. Dos prédios e condomínios de luxo em que a vizinhança não troca um bom-dia. Das escolas em que os alunos não sabem o nome de seus colegas de turma. Dos shoppings cheios de consumidores que só admiram as coisas, não quem passa ao seu lado. Dos cinemas lotados e das filas em que as pessoas não enxergam quem está na frente e atrás. Das igrejas aonde se vai para buscar consolo e se faz pouco de quem está ali rezando, pedindo amigos a Deus.

Há a solidão de quem se esconde diante do computador, vivendo virtualmente. Os problemas externos não mais importam, pois a desilusão e a impotência se tornaram mais fortes que a própria existência.

Munch pintou *O grito*, um belo e expressivo quadro que ecoa dentro de nós. Há saída? Talvez a solução venha de alguém que nos dê a mão e nos encontre para um bom papo, mesmo que esse papo não seja tão cabeça. Dialogar e estar junto vale sempre a pena.

A SOLIDÃO É ESCOLHA DE QUEM SE FECHA NO EGOÍSMO.

Que tal sair dessa acomodação e chamar um amigo para passear no parque, para tomar um café ou, quem sabe, fazer uma refeição gostosa em um domingo preguiçoso? Vale a pena conversar com o pipoqueiro da esquina, com quem senta ao seu lado no ônibus ou na fila. Compartilhar faz bem ao corpo e à alma.

Somos humanos e podemos sair do nosso umbigo e olhar o outro com empatia. A solidão é escolha de quem se fecha no egoísmo. A porta está aberta. Basta sair e ir ao encontro do outro que a solidão vai embora. Em cada esquina há alguém esperando.

Podemos escolher estar sós, porém em plenitude. Não à solidão vazia. Faça uma escolha livre e consciente. Esse é outro assunto que não tem a ver com dor e egoísmo. Diante dessa escolha, um bom livro, um bom filme, uma boa música valem a pena.

PARE UM POUCO, AGRADEÇA E AJA DE MANEIRA CONSCIENTE. ASSIM, O CAMINHO DO AMOR SE ABRIRÁ SURPREENDENTEMENTE, ALGO ACONTECE. EXPERIMENTE!

CAPÍTULO 42

# AGRADECER E AGIR

Quando olhamos para a realidade do mundo, a realidade da maioria, ficamos perplexos. Assustados com tamanho desamor, com a imensa pobreza. Com a desigualdade, a exploração, o preconceito, o desrespeito. Mil transgressões.

A realidade tem seu bem e seu mal. É a dialética da vida, uma dialética diferenciada, que pende para o mal. Soa como pessimismo? Quem sabe uma análise racional? Basta olhar para as as pirâmides estatísticas. A verdadeira realidade se apresenta sem disfarce. Está aí para quem não quer fugir e se alienar.

Temos também muito o que agradecer: a beleza e a riqueza naturais, a inteligência humana. O desenvolvimento tecnológico. A arte e a poesia. O amor e a compaixão. O milagre do agora viver. A amizade.

O problema dos acomodados tem um nome: zona de conforto. Esse conforto que cega e nos torna impotentes. Acomodação passiva. O resto que se dane.

Egoísmo. Desinteresse. Diversos nomes podem ser dados ao desamor. Tão mais fácil sentar e assistir pela televisão. O mundo que se exploda!

O PROBLEMA DOS ACOMODADOS TEM UM NOME: ZONA DE CONFORTO.

O saudosismo e as lembranças românticas do "seu bom tempo" podem consolar por instantes. Ser um intelectual ou político sofista poderá render lucros. Como os papagaios, podemos tagarelar. Imitar. E achar que uma grande mudança pode acontecer. Será? Estamos cercados de teorias que não saem do papel, dos jornais e dos livros. Conhecimento não vivido é conhecimento perdido?

Encarar a realidade. Agir pensando no coletivo. Trabalhar com determinação por um mundo mais sustentável. Compreender o presente como ele é. Enfrentar a existência. Tudo isso pode parecer uma tarefa difícil. Mas é possível. Possível e necessária.

Agradecer o bem e agir contra o mal. Sair da zona de conforto e enfrentar os desafios solidariamente, abrir mão do romantismo frustrante. Tudo com a poesia e a ternura de quem pensa e pertence. Respeitando a singularidade na ação e no viver.

Não dá para ignorar que, ao lado de belos condomínios, crianças comem sobras de lixo. Que a educação serve ao sistema dominante e elitista, esquecendo-se da maioria. Que, por conta do nosso descaso, os presídios estão cheios. Que o planeta morre pelo descuido dos inteligentes terráqueos descompromissados com a vida. Não dá para fingir que esses fatos não existem.

É fácil cruzar os braços diante da miséria, do vício, da corrupção, da alienação, da miséria, da destruição, das guerras. É fácil achar que isso não nos interessa, que é algo distante. Melhor não se envolver ou ficar em cima do muro, criticar e pensar em soluções sentados na mesa de um bar.

Agir. Estar junto. Participar. Cooperar. Sair da zona de conforto. Ter solidariedade. Refletir sobre as questões emergentes. Pensar por que estamos desinformados, distantes, com preguiça de agir no mundo.

Não queremos ser Madre Tereza de Calcutá, nem Gandhi, mas podemos agir ao nosso redor. Podemos não nos calar quando testemunhamos abusos e injustiças. Podemos ser criativos e atuantes.

Temos que ser gratos e que nos movimentar. Ou saímos da zona de conforto ou continuamos fingindo que vivemos. Somos livres. Mas que liberdade é essa que olha para o próprio umbigo? É bom lembrar que o que temos é fruto do trabalho de muitos.

Essa reflexão pode não ser muito agradável. Preferimos as belas palavras. Palavras sedutoras. Entretanto, é urgente pensar e se mexer, ou não seremos humanos por inteiro. Pensar é o caminho da ação e do amor.

SE DESEJA AMAR E SER AMADO,
SE DESEJA ENCONTRAR E SER ENCONTRADO,
LEMBRE-SE: AMAR SE FAZ AMANDO.
ESSA É A *SURPREENDENTE ARTE DE AMAR*.

Capítulo 43

# Amar se faz amando

Falar de amor não é fácil. Muitos cantam e encantam quando o assunto é amor, porém a confusão é grande, pois a maioria confunde amor com deslumbramento e paixão.

Amor de verdade, se é que o amor possa ser de mentira, é um fenômeno sem igual, indefinível, sem similar. Amar é, e pronto. Ponto final!

Mas vamos tentar entender esse tão aclamado sentimento que une tantos desejos, sonhos, fantasias, poesias, músicas, filosofias e religiões.

Amar se faz amando, praticando a pura entrega, colocando o outro na frente, por compaixão. Agir talvez seja sua melhor tradução.

O amor e o amar são palavras mal compreendidas, que carregam uma aura vasta de significados complexos, de arquétipos coletivos densos, muitas vezes ilusórios e equivocados.

> Amor de verdade é um fenômeno sem igual, indefinível, sem similar. Amar é, e pronto.

Será que ao nascer não perdemos a dimensão do amor para aprender seu verdadeiro sentido na relação com o outro? Ao vir ao mundo, uma pessoa rompe com a simbiose materna e passa a vida buscando uma nova ligação. A separação gera a carência. A carência leva ao desejo de fusão. E o desejo de fusão nos torna buscadores aprendizes.

Será que o amor se perdeu na história da humanidade diante dos conflitos para a sobrevivência? Ou quando o homem passou a procurar em Deus ou no sexo aquilo que apenas é do coração humano?

Todos anseiam ser amados e desejados. Faz parte do humano a vontade de compartilhar amorosamente com o outro. Mas a jornada do encontro com o outro não é leve. Há um percurso longo e doloroso, muitas vezes sofrido, até o amor realmente se mostrar. Ele é nossa natureza, nossa essência vital. E a vida é quase sempre uma experiência bastante complexa.

Entre o eu e o outro existe um universo a ser revelado. Entre o eu e o outro existem todos os compromissos socioculturais, todo o inconsciente pessoal e coletivo de ambos, todas as couraças, complexos e tramas existenciais. Entre o eu e o outro habitam as circunstâncias e o mundo conflituoso. Por isso é tão difícil o amor se revelar.

Imagine uma pérola. Ela está dentro da concha. O amor está guardado, à espera de que alguém o encontre. Precisamos nos esforçar para que ele apareça. Incrível, não é? O amor precisa de esforço para se manifestar. Ele não chega assim de repente. Ele vem na hora e no momento certo. Por isso dizemos que o amor é construído. Na realidade, o que se constrói é o caminho que nos leva a ele. Os contos de fadas, os sermões religiosos, os poemas dão a entender que o amor é um milagre. Bem que poderia ser assim. Sem dúvida o ser humano seria mais solidário, mais amigo, mais tudo. No entanto, por algum motivo, que estamos longe de compreender, o amor foi guardado a sete chaves, à espera de ser encontrado. À espera de um milagre. Não fique decepcionado. A vida não teria tanta graça se recebêssemos de bandeja o amor. Afinal estamos aqui para aprender e para tomar parte nesta aventura que é a procura do amor.

Amar se faz amando. Trilhando longos e curtos caminhos. É peregrinação, não simples turismo. Não é fascínio nem paixão. É vastidão infinita.

Amar é dar aquilo que muitas vezes não temos. A surpreendente arte de amar é o mistério a se revelar no dia a dia do encontro consigo mesmo, com a natureza e com o outro.

A CAMINHADA REFLEXIVA PODE TER SIDO LONGA E INCÔMODA, CONTUDO, FOI PROFUNDA PARA AQUELES QUE SE DISPUSERAM A PENSAR. NÃO HÁ RECEITA PRONTA. PARA PENSAR O AMOR DEVEMOS SILENCIAR E MEDITAR.

Capítulo 44

# Quando o silêncio tudo diz

Usar palavras para falar sobre o silêncio pode se assemelhar a mais uma tagarelice epistemológica. Como é mesmo a frase de Rubem Alves? "Falamos palavras a fim de não ouvir a palavra que brota do silêncio." Como falar do silêncio com palavras, senão conclamando as pessoas ao instante de silenciar?

É quase impossível falar do silêncio, pois é do ato de silenciar que surgem as palavras. O silêncio não é mudez, nem uma verbalização que se cala. Nosso eu superficial precisa calar e se acalmar sem a ansiedade do ter que fazer e dominar.

Silenciar não é fugir da vida, pelo contrário, é fluir na plenitude da vida. Silenciar é mergulhar na existência a fim de colher o que a vida nos oferece de sublime.

Silenciar é comungar com tudo e todos. Silenciar é graça e beleza gratuita.

"O silêncio puro fica para além das palavras, dos sentidos, das ilusões; o silêncio verdadeiro inaugura-se logo que o eu superficial desfalece", diz Moratiel. O silêncio diz muito mais do que alguém pode dizer. As palavras podem limitar, enquanto o silêncio pode revelar.

O silenciar nos convida ao caminho da não palavra, sem julgamentos, interpretações, previsões e conjecturas. Ele se transforma em uma grande rebelião contra nossa própria desordem.

Quando silenciamos, derrubamos muros que nos separam da vida, pois o silêncio não é prisão, é um respirar livre e profundo. Quando me calo, posso me conectar com meu eu interior, porque muitas vezes não sei o que sou. Silenciando, posso me possuir e me saborear.

Não basta calar a boca para que o silêncio aconteça. Estamos cheios de gestos, de ruídos interiores, tagarelices. Muitas vezes pegamos um livro, ouvimos uma música, e o silêncio se apresenta. Não é só a palavra que precisa emudecer. O repouso precisa ser absoluto. Importante calar o corpo, imobilizar até as células.

O silêncio brota do coração. Ele acontece naturalmente com a consciência unificada. Não há como impor o silenciar. Podemos, sim, treinar o aquietar corpo e a psique.

Para mim, silenciar é esvaziar. Esvaziar as palavras que transitam pelos pensamentos. Como é difícil esvaziar! A meditação é a uma tentativa de esvaziamento. Não mais brigar com as palavras do pensamento, apenas observar sem interpretações e julgamentos.

No cotidiano agitado, sedutor, midiático, se não treinarmos bastante o aquietar ficará difícil para experimentar o silêncio, que é uma atitude natural do humano. Fomos nos perdendo diante do excesso de sons e palavras. O silêncio não se compreende, pratica-se, pois é ação.

Agora, por exemplo, estamos calados, mas as palavras se fazem presentes e distanciam o silenciar. "O silêncio é tarefa artesanal. É arte de aprender a estar onde se está. É uma atitude que exige de nós toda a atenção. É uma espécie de entrega e oferta à presença."

> SILENCIAR É COMUNGAR COM TUDO E TODOS. SILENCIAR É GRAÇA E BELEZA GRATUITA.

Quando o silenciar acontece, perdemos a necessidade de procurar seja o que for. Silenciar é um encontro com o vazio, que nada mais é que nossa plenitude. Não alcançamos o silêncio com conceitos. Não temos nada a esperar, apenas que acolhê-lo.

O silenciar nos faz captar tudo que é dito. Existem mensagens indizíveis. Se nos prendermos à palavra expressa, corremos o risco de perder o essencial da unidade profunda que a diversidade de palavras tenta mostrar.

Sair da banalidade e velocidade grotesca não é tão fácil assim. Até a filosofia torna-se muitas vezes instrumento de ruído. Perseguindo os rastros do silêncio, fui passando por práticas orientais e, a certa altura, cheguei ao filósofo Plotino, para quem a busca do silêncio nos orienta ao mergulho. Ele nos revela a distância entre o um e a existência. Com ele, aprendi que a "busca do silêncio" é só burburinho e que o silenciar é a única via para o silêncio, pois o silêncio ocupa todos os lugares e não está ausente de nada. Nós é que não o percebemos. Plotino não fala do silêncio, mas nos conduz a ele.

Segundo o filósofo, é importante a prontidão para a escuta, que depende de nossa disponibilidade para nos livrar de todos os sons, a fim de prestar atenção no som que vem do alto: o silêncio. O silêncio em Plotino é caminho. O Todo nasce do silêncio, as formas, a alteridade e o movimento.

Ele diz: "O universo produz seu objeto no silêncio. A natureza é uma contemplação do silêncio."

Existem silêncios que não brotam do coração, são os falsos silêncios:

Silêncio do medo: quando nos sentimos coagidos, tímidos, sem saber o que falar, inseguros quanto a como e o que falar.

Silêncio da angústia: sufoco e peito apertado. Muitas vezes não há o que falar por causa da confusão interna.

Silêncio da culpabilidade: não falo porque me preocupo com o que vão dizer de mim. Não falo porque vão me culpar.

Silêncio da debilidade: não sei o que dizer. Fico calado por impotência.

Silêncio da indiferença: sinto-me aborrecido. Estou alheio a tudo. Não me importo com nada. Nada me interessa.

Silêncio da inveja: ausência de elogios, apoios e comentários positivos que dão entusiasmo. Silêncio perigoso, pois tenta destruir o outro.

Silêncio do orgulho: sinto-me melhor que você. Coloco hierarquia.

Esses silêncios nos adoecem e vão matando a comunicação.

Entretanto, há os silêncios positivos.

Silêncio da humildade: Silêncio do respeito. Ouvidor. Acolhedor. Amoroso.

Silêncio da admiração: Silêncio da atração. O olhar diz tudo. Os gestos revelam.

Silêncio maravilhado: Silêncio do encantamento. Se perguntamos algo, quebra-se o silêncio. Silêncio de criança, pureza simples.

Silêncio da alegria: Coração pulsante. Felicidade. Êxtase.

Silêncio do amor: Silêncio da pura comunhão. Olhar que tudo revela. A presença que preenche tudo.

Como é importante o silêncio no encontro com o outro. O meu silêncio e o silêncio do outro. Primeiro encontro. Ambos são desconhecidos. O outro deseja saber se pode compartilhar suas dores, angústias e dúvidas. Eu, no silêncio que espera, espero ouvir. Silêncio sem a onipotência do saber e do poder. Silêncio de quem quer realmente estar com o outro por inteiro.

Silêncio que olha sem julgamento. Silêncio aprendiz. Silêncio amigo.

Silêncio que ensina sobre o outro à minha frente. Silêncio que permite pensar e sentir.

O meu silêncio no encontro com o outro requer muito treino.

Treino de se esvaziar das vaidades e dos orgulhos.

Treino de se esvaziar de teorias e regras.

Treino de não tentar colocar o outro dentro de regras e normas. O outro não é uma coisa, mas uma pessoa muitas vezes sofrida e dolorida.

Treino de se fazer apenas ouvidor de almas.

Treino de amar o humano na sua singularidade.

Silenciar, ouvir. Escutar não só com os ouvidos, mas com o coração e o corpo inteiro. Silenciar na escuta atenta de cada palavra, gesto e sentimento que brota do outro à minha frente. Eu, vazia dos meus pensamentos, aberta ao outro que está ansioso para falar de si. Sou só ouvidos. No silêncio, rendo-me ao outro. O outro me ensina os caminhos que vamos trilhar. Nesse instante não há teoria, não há regras ou normas, há apenas “o silêncio que tudo diz”.

DEPOIS DA MEDITAÇÃO E DO SILENCIAR, PODEMOS MUDAR DE IDEIA. AFINAL, SOMOS LIVRES.

Capítulo 45

# Podemos mudar de ideia

Quem pensa muda de ideia.
Quem escuta aprende e se recicla.
Não somos donos da verdade.
Vida é mutação.
A cada encontro uma nova possibilidade.
Vastos horizontes.
Vir-a-ser.
Liberdade de escolher novos caminhos.
Desapegos e experimentos.
Penso no que você me disse.
Duvido. Reflito. Pondero...
Eta vida!

> Basta abrir os olhos e o coração, para transformar sempre.

Ficar preso às máscaras me escraviza.
Fechar-se num só pensamento é algo que limita.
Há pluralidade.
Há multiplicidade.
Há um mundo lá fora acontecendo.
Há um mundo lá fora ensinando.
Basta abrir os olhos e o coração,
para transformar sempre.

> Para transformar é preciso vontade determinada. Ação determinada.

Capítulo 46

# Vontade determinada

Quando o assunto são os vícios, a conversa fica difícil. Quase todos os têm. Muitos dizem que querem se livrar deles. Parar de fumar, emagrecer, se exercitar, deixar a internet de lado, gastar menos, tantos outros.

Somos engolidos pelo desejo. Seduzidos o tempo todo. Deixamo-nos seduzir, é a verdade.

A vontade determinada é nossa escolha livre.

O vício nos faz escravos do desejo. A vontade determinada nos deixa livres, donos de nós mesmos.

Escuto muitos dizerem: "quero mudar, mas não consigo."

Esquecemos que o cérebro é burro. Como um computador, ele é obediente. Ele executa o que programamos. Se repetirmos o tempo todo que não conseguimos, ele vai obedecer e realmente não vai conseguir fazer o que queremos.

> O VÍCIO NOS FAZ ESCRAVOS DO DESEJO.

Somos o que pensamos. Isso mesmo, nosso pensamento vira forma. Precisamos moldar nossos pensamentos com delicadeza.

Força de vontade quase nunca funciona, pois força lembra desprazer e nosso cérebro o abomina. Quem busca transformação à força logo vai desanimar.

Consciência é o caminho da transformação. A escolha livre nos dá coragem e determinação para mudanças grandes e definitivas.

Com a vontade determinada, podemos olhar para um doce, um cigarro ou uma bebida e dizer que não precisamos deles.

A alegria da vontade determinada torna-se muito maior que o impulso. O prazer de nos sentirmos livres vale mais que tudo. Pense nisso antes de mudar qualquer hábito e verá que a rota para o sucesso está na reflexão consciente e no pensar bem. Mais do que autoajuda, a filosofia pode ser um caminho de qualificação e resultados eficazes. A compreensão é o caminho da mudança.

Por fim, só me resta desejar paz e amor em seu coração!

Capítulo 47

# Paz e amor em seu coração! A surpreendente arte de amar

No silêncio deste dia que se abre.
No silêncio desta noite que se vai.
Toco seu coração e sua alma,
com a ternura de muito amar.
As palavras da minha voz,
por vezes se perdem
em meio ao furacão de seus sentimentos.
Algumas sementes jogadas em seu solo
brotam na compreensão solta no espaço.
Minha intenção é tão simples como a vida,
é compartilhar sem vaidade e orgulho,
as lições vivenciadas no dia a dia.
Vamos aprender juntos,
pois serei, como você, eterno aprendiz.
Assim sendo,
Saúdo alegremente cada um e todos
que se fazem amigos,
ainda que distantes.

Vocês me permitiram entrar em suas casas e coração.
Ouviram minhas reflexões.
Confiaram no meu riso e na minha fala,
que vão de coração a coração.
Rimos e choramos juntos.
Concordamos e discordamos naturalmente.
Não temos que pensar igual. Somos diferentes.
Caminhamos entre perdas e ganhos,
entre exclamações e interrogações.
Celebramos a vida a cada amanhecer e anoitecer.
Questionamos sem censura a existência.
Entre nós estão minhas palavras e um livro
que promovem o exercício contínuo de escutar e pensar.
Hoje, este livro, que se fez das palavras "bem ditas",
soltas no espaço,
vai criando forma e se cristalizando,
para registrar nosso profundo encontro amoroso.
Fica assim o registro para que descubram novas formas
de pensar e sentir,
de viver e amar em meio a tantas mutações.
Que vocês tenham encontrado prazer nesse encontro.
Que o desejo seja vontade determinada
de transformar a "Terra em Alma".
E que o "Amor sem Censura"
tenha promovido uma pausa para refletir.
Entre o sexo, o chocolate e o amor fica
a ternura de um encontro que foi pretexto
para cada um se transformar e se encontrar.
Não tenham dúvida.
Existe a surpreendente arte de amar.
E o artista é você,
sou eu,
somos nós,

no exercício de viver.
Existe a surpreendente arte de amar.
E o artista é você,
sou eu,
somos nós,
no exercício de viver.